La búsqueda de la felicidad

Tal Ben-Shahar

La búsqueda de la felicidad

Sólo serás feliz cuando dejes de perseguir la perfección

Traducción de Ana García Bertrán

alienta
EDITORIAL

Obra editada en colaboración con Centro Libros PAPF, S.L.U. – España

Título original: *The pursuit of perfect*
Publicado por McGraw Hill, 2009

Alienta es un sello editorial de Centro Libros PAPF, S.L.U.

Bajo el sello editorial ALIENTA M.R.
Avenida Presidente Masarik núm. 111, Piso 2
Colonia Polanco V Sección
Delegación Miguel Hidalgo
C.P. 11560, Ciudad de México
www.planetadelibros.com.mx
www.paidos.com.mx

Primera edición impresa en España: mayo de 2011
ISBN: 978-84-92414-87-1

Primera edición impresa en México: diciembre de 2013
Séptima reimpresión en México: enero de 2019
ISBN: 978-607-9202-81-1

Impreso en los talleres de EDAMSA Impresiones, S.A. de C.V.
Av. Hidalgo núm. 111, Col. Fracc. San Nicolás Tolentino, Ciudad de México
Impreso en México – *Printed in Mexico*

Para Tami, mi amor

ÍNDICE

PREFACIO

Llevo diez años impartiendo clases de felicidad. Como suele ocurrirles a muchos profesores de universidad, lo que empezó siendo un tema de interés personal acabó convirtiéndose en el núcleo de mi investigación académica. Empecé a pensar en la felicidad cuando era un estudiante brillante pero desdichado, tras varios años de haber sido un atleta profesional de éxito pero infeliz. Mi deseo por descubrir el origen de mi infelicidad me llevó a adentrarme en el por entonces emergente campo de la psicología positiva. A diferencia de la psicología tradicional, que básicamente estudia la neurosis, la depresión y la ansiedad, la psicología positiva estudia las condiciones que favorecen el florecimiento de las personas, las organizaciones y las comunidades. Dicho de una forma sencilla, la psicología positiva es la ciencia de la felicidad.

Mis estudios de psicología positiva me resultaron de gran utilidad y quise compartir lo aprendido con los demás. Siempre había pensado que todo el mundo se sentía atraído por el tema de la felicidad, pero nunca hubiera imaginado que interesara hasta el punto que descubrí cuando empecé a escribir y a impartir conferencias sobre cómo vivir una vida más plena y dichosa.

En diversas cartas de mis lectores y en conversaciones con mis alumnos y asistentes a mis seminarios —tanto con empresarios de Shanghái, líderes políticos de Canberra, adolescentes en situación de riesgo de Nueva

York, periodistas de Ciudad del Cabo o profesores de París—, pude comprobar lo deseosa que estaba la gente de mejorar su vida y aumentar el bienestar de su comunidad.

Con el tiempo, empecé a observar que todos estos grupos tan diversos compartían algo más que un interés por vivir una vida más feliz; todos ellos coincidían en uno de los obstáculos más difíciles —si no el más importante— de superar para ser feliz: el deseo de vivir no sólo una vida dichosa, sino una vida perfecta.

Me di cuenta de esto a raíz de dos reacciones recurrentes —y, en cierta forma, sorprendentes— que advertí en varias conversaciones sobre la felicidad. En primer lugar, en principio la gente suele decir que no es feliz; pero en cuanto empieza a hablar de su vida y sus sentimientos con más detalle, se pone de manifiesto que lo que en realidad quiere decir es que no es feliz siempre. En segundo lugar, la gente suele decir que no doy la impresión de ser todo lo feliz que un «experto en felicidad» debería ser. Y cuando les hablo de mis fracasos o mis miedos, les sorprende que me considere una persona feliz a pesar de esas experiencias indeseables. Bajo estas reacciones se halla la hipótesis de que los que son realmente felices son, en cierto modo, inmunes a los sentimientos de tristeza, miedo y ansiedad o a experimentar algún fracaso o contratiempo en su vida. La generalización de esta hipótesis —a través de generaciones, continentes y culturas— me hizo llegar a una conclusión realmente increíble: estaba rodeado de perfeccionistas.

Durante un tiempo, me había considerado un perfeccionista en proceso de recuperación, pero nunca hubiera imaginado que el fenómeno del perfeccionismo pudiera estar tan generalizado. Puede que muchos de mis amigos y conocidos, que reconocía como perfeccionistas, no se considerasen —o no fueran considerados— como tales. Sin embargo, en mayor o menor medida, sus hipótesis y su forma de pensar y de actuar eran precisamente las que definen al perfeccionista. Además, todos, en un grado u otro, estaban siendo víctimas de las terribles consecuencias del perfeccionismo.

Este libro quiere explicar qué es realmente el perfeccionismo y qué se puede hacer para superar este obstáculo y vivir una vida feliz.

Como mi libro anterior, *Ganar felicidad*, estas páginas también pretenden ser prácticas. Para beneficiarse de ellas de una forma significativa, no habría que leerlas de principio a fin, como si fuera una novela. Sugiero, sin embargo, saborearlas despacio, deteniéndose de vez en cuando en la lectura y volviéndola a retomar, tomándose el tiempo necesario para aplicar el material y reflexionar sobre él. Para facilitar este proceso de acción y reflexión, cada capítulo concluye con una serie de ejercicios prácticos. A lo largo del libro, también he incluido una serie de «Reflexiones», es decir, cuestiones o ideas que considerar. Estas reflexiones ofrecen al lector la oportunidad de hacer una pausa y detenerse a pensar para comprender y asimilar mejor el material. Tanto los ejercicios como las reflexiones se pueden realizar individualmente, por parejas o en grupo. El libro puede ser un buen material para los clubes de lectura interesados en el desarrollo personal, así como para aquellas parejas que quieran cultivar una mayor intimidad.

INTRODUCCIÓN

«En la profundidad del invierno, por fin aprendí que en mi interior había un verano invencible.»

Albert Camus

Ocurrió a mediados de enero. Atravesé el Harvard Yard de camino al austero edificio de psicología situado al otro lado del campus sin ver absolutamente nada. Una vez allí, me quedé delante de la puerta cerrada de mi profesor. Levanté la vista y comprobé, columna por columna y luego de izquierda a derecha, los números de los carnets de identidad que aparecían en la hoja de notas, resultándome muy difícil leer con claridad lo que tenía delante. Una vez más, mi ansiedad me había dejado casi ciego.

Mis dos primeros años en la universidad habían sido bastante desafortunados. Siempre había tenido la impresión de que la espada de Damocles colgaba sobre mi cabeza. ¿Y si me perdía una palabra importante durante una clase? ¿Y si me pillaban desprevenido durante un seminario y no era capaz de responder a la pregunta de un profesor? ¿Y si no tenía la oportunidad de leer un trabajo o examen por tercera vez antes de entregarlo? Cualquiera de esas situaciones podía provocar un resultado imperfecto, un fracaso y el desvanecimiento de la posibilidad de convertirme en el tipo de persona y de tener el tipo de vida que siempre había imaginado.

Ese día, delante de la puerta de mi profesor, se hizo realidad uno de mis mayores temores. No había obtenido un excelente. Corrí hacia mi habitación y cerré la puerta.

A nadie le gusta fracasar, pero hay una diferencia entre una aversión normal al fracaso y un temor intenso. La aversión normal nos empuja a tomar las precauciones necesarias y a esforzarnos más para el éxito. Por el contrario, un miedo muy intenso al fracaso suele ser perjudicial, provocando un rechazo tan drástico al fracaso que no permite correr los riesgos necesarios para el crecimiento y el desarrollo personal. Este temor no sólo compromete el rendimiento, sino que pone en peligro el bienestar psicológico.

El fracaso es una parte ineludible de la existencia y una parte muy importante en cualquier vida de éxito. Aprendemos a andar cayéndonos; a hablar, balbuceando; a encestar, no encestando; y a colorear el interior de un cuadrado saliéndonos de la raya. Los que tienen mucho miedo al fracaso acaban por no sacar el máximo provecho a su potencial. O aprendemos a fracasar o fracasaremos en nuestro aprendizaje.

Diez años después, me encontraba comiendo en la cantina de la Leverett House, una de las residencias universitarias de Harvard. Era octubre, en pleno semestre de otoño, y muchas de las hojas de los árboles que podía atisbar a través de la ventana habían adquirido esas maravillosas tonalidades rojas, anaranjadas y amarillas propias de la estación. Las que más atrajeron mi atención fueron las que parecía que estaban luchando por dejar que la naturaleza siguiera su curso y adquirir esos tonos tan brillantes.

—¿Te importa que me siente? —preguntó Matt, uno de los *seniors*. Tenía la boca llena, así que asentí con la cabeza y sonreí—. Me han dicho que das una clase sobre felicidad —dijo mientras se sentaba enfrente de mí.

—Sí, así es, de psicología positiva —respondí, ansioso por hablarle de mi nuevo curso. Pero, antes de que pudiera continuar, Matt intervino.

—Pues que sepas que mi compañero de habitación Steve va a tu clase, así que más vale que vayas con cuidado.

—¿Que vaya con cuidado? —inquirí esperando que me confesara algún secreto oscuro sobre Steve.

—Sí, porque —contestó— si alguna vez te veo infeliz, se lo diré.

Estaba claro que Matt estaba bromeando o, al menos, medio bromeando. Sin embargo, detrás de su comentario se escondía una creencia muy seria y bastante común: que una vida feliz se compone de un interminable flujo de emociones positivas y que una persona que experimente envidia o rabia, decepción o tristeza, miedo o ansiedad no puede ser realmente feliz; aunque, en realidad, los únicos que no experimentan estos sentimientos negativos son los psicópatas. Y los muertos. De hecho, experimentar estas emociones de vez en cuando es buena señal (una señal de que seguramente no somos psicópatas y estamos vivos).

Paradójicamente, si no nos permitimos experimentar emociones negativas, limitamos nuestra capacidad de ser felices. Todos nuestros sentimientos fluyen a través del mismo canal emocional, por lo tanto, si bloqueamos las emociones negativas, inherentemente estamos bloqueando las emociones positivas. Y cuando estas emociones negativas no se liberan, no hacen más que expandirse y acrecentarse. Cuando finalmente salen al exterior —cosa que eventualmente acaban haciendo de una forma u otra—, nos superan.

Las emociones negativas constituyen una parte inevitable de la experiencia de ser humanos; por lo tanto, si las rechazamos, es como si estuviéramos negando una parte de nuestra humanidad. Para vivir una vida plena y gratificante —una vida feliz—, tenemos que permitirnos experimentar toda la gama de emociones humanas. En otras palabras, tenemos que concedernos el permiso para ser humanos.

La vida de Alasdaire Clayre parecía perfecta. Había sido un alumno brillante de la Universidad de Oxford y, posteriormente, se había convertido en uno de sus profesores más prestigiosos, recibiendo galardones, premios y becas de investigación. Además, había publicado una novela y una colección de poemas y había grabado dos discos que incluían algunas de sus propias composiciones. También había escrito, dirigido, producido y presentado «The heart of the dragon», una serie de televisión de doce capítulos sobre China.

La serie había recibido un premio Emmy, pero Clayre ya no estaba allí para recogerlo. A los cuarenta y ocho años, poco después de finalizar la serie, Clayre se suicidó tirándose de un tren en marcha.

¿Hubiera servido de algo haber sabido que iban a concederle el premio Emmy? Su ex mujer afirma que «el Emmy era un símbolo de éxito que habría significado mucho para él, que le habría hecho recuperar la autoestima»; pero añade que «había muchos símbolos de éxito mucho más importantes que el Emmy», y a Clayre no le satisfacía ninguno: cada vez que hacía algo, necesitaba uno de estos símbolos.[1]

En realidad, Clayre nunca consideró suficiente nada de lo que realizaba. Aunque quedaba patente su capacidad para el éxito, él era incapaz de verlo. De hecho, rechazaba el éxito. En primer lugar, siempre se medía con estándares que resultaban casi imposibles de superar. En segundo lugar, incluso cuando conseguía lo casi imposible, en seguida restaba importancia a su éxito, lo trivializaba y pasaba al próximo sueño casi imposible de materializar.

El deseo de éxito forma parte de nuestra naturaleza, y muchos vamos subiendo los peldaños que pueden conducirnos hacia el éxito personal y el progreso en la sociedad. Las grandes expectativas pueden obtener grandes recompensas. No obstante, para vivir una vida exitosa y gratificante, nuestros estándares de éxito deben ser realistas, y tenemos que ser capaces de disfrutar de nuestros éxitos y de estar agradecidos por ellos. Tenemos que tocar de pies a tierra y reconocer y apreciar nuestros éxitos.

Estas tres historias —la extrema ansiedad que me produjo una nota menos que perfecta, la advertencia de Matt de que más me valía estar siempre contento y la tragedia de la incapacidad de Clayre para disfrutar de sus éxitos— recogen tres aspectos distintos, aunque interrelacionados, del perfeccionismo: el rechazo al fracaso, el rechazo a las emociones negativas y el rechazo al éxito. Podemos percibir los efectos negativos de estos aspectos del perfeccionismo a nuestro alrededor y muchas veces en nosotros mismos. Los vemos en el miedo intenso al fracaso de los niños en edad escolar que no se atreven a ser creativos, que dejan de experimentar y que, por lo tanto, merman su capacidad de aprender y madurar. Lo vemos en los universitarios que se acostumbran a dejar las cosas para otro momento de forma crónica, temerosos de iniciar un proyecto si no están seguros de obtener un resultado perfecto. Lo vemos en el trabajo, donde se sacrifica la innovación en aras de lo probado y demostrado, de lo seguro (y lo mediocre).

Comportamientos como éstos no constituyen las únicas manifestaciones del miedo intenso al fracaso. Algunas veces interiorizamos ese temor. Todos conocemos a gente que parece estar siempre contenta incluso cuando se enfrenta a situaciones difíciles, que siempre se muestra optimista independientemente de la realidad objetiva, que se recupera con facilidad y que parece surgir emocionalmente ilesa tras un trauma o una tragedia real. Si bien una actitud positiva y la capacidad de recuperación contribuyen claramente al bienestar, a la larga, rechazar las emociones negativas porque no tienen cabida en nuestra visión idealizada de una vida feliz resulta contraproducente. Coger atajos emocionales —desviarse para evitar ciertos sentimientos— puede, paradójicamente, disminuir la felicidad.

Es fácil entender que el perfeccionismo conduce al rechazo, al fracaso y a las emociones negativas. Lo que resulta más difícil de concebir, sin embargo, es que el perfeccionismo pueda llevar a rechazar el éxito. Un ejemplo se encuentra en la gente que parece «tenerlo todo» pero que, sin embargo, es infeliz. Si el único sueño que tenemos es el de una vida feliz, estamos condenados a sufrir una gran decepción ya que, en el mundo real, este sueño no se materializará.

El perfeccionismo extremo fue el culpable de que Clayre trivializara sus éxitos del mundo real y fuera incapaz de disfrutar de una forma real y duradera de ellos.

REFLEXIÓN ¿Se reconoce o reconoce a alguien que conoce en alguna de estas tres historias?

Durante mucho tiempo, los psicólogos consideraron el perfeccionismo como una forma de neurosis. En 1980, el psicólogo David Burns describió a los perfeccionistas como «aquellos cuyas expectativas son demasiado altas o irracionales, aquellos que se esfuerzan compulsiva e irremediablemente por conseguir objetivos imposibles y que miden su valía personal en términos de su productividad y sus éxitos».[2] Recientemente, los psicólogos han comenzado a considerar el perfeccionismo como algo más complejo y han empezado a explorar las posibilidades de que no sea puramente negativo. De hecho, han descubierto que el perfeccionismo puede resultar beneficioso en ciertos sentidos, a través de la motivación del trabajo duro y de los objetivos personales ambiciosos.

A la luz de todo esto, los psicólogos actuales distinguen entre perfeccionismo positivo, que es adaptativo y saludable, y perfeccionismo negativo, que es inadaptable y neurótico.[3] Creo que estos dos tipos de perfeccionismo son tan distintos (tanto por su naturaleza como por sus ramificaciones) que prefiero utilizar términos totalmente diferentes para referirme a ellos. A lo largo de este libro, me referiré al perfeccionismo negativo simplemente como *perfeccionismo* y al perfeccionismo positivo, como *optimalismo*.[4]

El diccionario de inglés Oxford define «óptimo» como «el mejor, el más favorable, especialmente bajo una serie de circunstancias particulares». La búsqueda de la solución óptima —ya sea el mejor uso de la cantidad de tiempo limitada que tenemos en un día (o en nuestras vidas) o la mejor casa que podemos comprar teniendo en cuenta nuestro presupuesto— es una conducta a la que, en realidad, estamos muy acostumbrados. Reconocemos las limitaciones de la realidad —que el día sólo tiene veinticuatro horas, que tenemos una cantidad de dinero limitada para gastar— y organizamos nuestras vidas en consecuencia.

Los investigadores que introdujeron el concepto de psicología positiva la describieron como «el estudio científico del funcionamiento humano óptimo».[5] Eran conscientes de que el ser humano cuenta con una serie de limitaciones inherentes, que en la vida hay que llegar a soluciones de compromiso y que no se puede tener todo. La pregunta fundamental que se formula la psicología positiva es la siguiente: ¿cuál es la mejor vida que podemos vivir? En este sentido, la psicología positiva, que se concentra en lo óptimo, se diferencia bastante del movimiento de autoayuda, que generalmente nos invita a imaginar una vida perfecta y a aspirar a vivirla. Esta aspiración, paradójicamente, puede producir mucha frustración e infelicidad.

La diferencia fundamental entre el perfeccionismo y el optimalismo se halla en que, esencialmente, el primero rechaza la realidad, mientras que el segundo la acepta. Más adelante exploraremos esta oposición tan importante, pero, de momento, veremos esta diferencia en la forma en que cada uno percibe y reacciona al fracaso, a las emociones negativas y al éxito.

El perfeccionista espera que su camino hacia un objetivo —y, de hecho, su paso por la vida— sea directo, tranquilo y libre de obstáculos. Cuando, inevitablemente, comprueba que no es así —cuando, por ejemplo, fracasa en una tarea, o cuando las cosas no van como esperaba— se siente extremadamente frustrado y tiene dificultades para seguir adelante. Mientras que el perfeccionista rechaza el fracaso, el optimalista lo acepta como una parte natural de la vida y como una experiencia inextricablemente vinculada al éxito. Entiende que no conseguir el trabajo que deseaba o discutir con su pareja forma parte de una vida plena y gratificante; aprende lo que puede de estas experiencias y emerge más fuerte y más resistente de ellas. En la universidad, en parte yo no era feliz porque no podía aceptar el fracaso como un elemento necesario del aprendizaje (y de la vida).

El perfeccionista cree que una vida feliz consiste en una corriente incesante de emociones positivas. Y, evidentemente, como aspira a ser feliz, rechaza las emociones negativas o desagradables. Se niega el derecho a sentirse triste cuando pierde una oportunidad de trabajo o a experimentar el profundo dolor que sigue a la disolución de una relación significativa. Por el contrario, el optimalista acepta las emociones negativas como parte inevitable de la existencia. Da cabida a la tristeza y al dolor, dejando que estos sentimientos intensifiquen su experiencia de la vida —tanto de lo agradable como de lo desagradable—. Matt, el estudiante que me dijo bromeando que informaría a su compañero de habitación si me veía infeliz, creía que si una persona da clases de felicidad tiene que irradiar felicidad las veinticuatro horas del día, siete días a la semana. La idea de Matt no sólo era irreal, sino que, además, suponía una receta segura para la infelicidad.

El perfeccionista nunca está satisfecho. Siempre se marca objetivos y expectativas absolutamente imposibles de alcanzar, rechazando, por lo tanto, desde un principio la posibilidad de éxito. Consiga lo que consiga —por muy buenas notas que saque o por muy alto que ascienda en la jerrarquía laboral—, no puede disfrutar de sus éxitos. Por mucho que tenga —por mucho dinero que gane, por maravillosa que sea su pareja, por mucho reconocimiento que reciba de sus compañeros—, nunca es suficiente para él. Lo que en realidad está haciendo es rechazar el éxito de su vida, porque, independientemente de los éxitos que logre, nunca se considerará un triunfador. El optimalista también se marca objetivos extremadamente altos, pero sus objetivos resultan factibles porque son realistas. Cuando cumple sus objetivos, aprecia sus éxitos y se toma el tiempo necesario para disfrutar de ellos. En este sentido, lo que distingue al optimalista del perfeccionista es que el optimalista acepta la realidad. Cuando el optimalista consigue sus propósitos, siente un placer y una satisfacción reales por sus éxitos. Clayre persiguió desesperadamente el éxito durante toda su vida, pero como se adhería a una visión irreal de lo que éste significaba, era incapaz de triunfar (según sus términos) y, por lo tanto, no podía alcanzar la felicidad.

Los perfeccionistas rechazan la realidad y la sustituyen por un mundo de fantasía: un mundo en el que no existe el fracaso ni las emociones negativas y en el que sus expectativas de éxito, por irreales que sean, siempre se pueden satisfacer. Los optimalistas aceptan la realidad —aceptan que en el mundo real es inevitable que exista cierto fracaso y pesar y que el éxito se debe medir con respecto a aquellas expectativas realmente factibles.

Los perfeccionistas pagan un precio emocional extremadamente alto por negar la realidad. Este rechazo al fracaso les genera agudos niveles de ansiedad, porque la posibilidad de que puedan fracasar siempre está ahí. Su oposición a las emociones negativas suele provocar una intensificación de las emociones que están intentando suprimir y, en último término, un aumento del dolor. Su rechazo a las limitaciones y dificultades del mundo real los lleva a ponerse el listón del éxito a un nivel irracional e inalcanzable, y como nunca pueden alcanzarlo, se ven constantemente invadidos por sentimientos de frustración e inadecuación.

Los optimalistas, por el contrario, obtienen un gran beneficio emocional de su aceptación de la realidad y son capaces de vivir existencias ricas y plenas. Al aceptar el fracaso como algo natural —aunque no les guste—, experimentan menos ansiedad por sus resultados y disfrutan en mayor medida con sus actividades. Al admitir las emociones negativas como una parte inevitable de su condición humana, no las agravan tratando de suprimirlas, sino que las experimentan, aprenden de ellas y siguen adelante. Al aceptar las limitaciones y dificultades del mundo real, se marcan objetivos que pueden alcanzar realmente y, por lo tanto, son capaces de experimentar, apreciar y disfrutar de sus éxitos.

Perfeccionista	**Optimalista**
Rechaza el fracaso.	Acepta el fracaso.
Rechaza las emociones negativas.	Acepta las emociones negativas.
Rechaza el éxito.	Acepta el éxito.
Rechaza la realidad.	Acepta la realidad.

Básicamente, los perfeccionistas rechazan todo lo que se desvía de su visión impecable, intachable y, consecuentemente, sufren cada vez que no satisfacen sus propias expectativas irreales. Los optimalistas aceptan todo lo que la vida les ofrece y sacan el máximo partido de ello.

REFLEXIÓN ¿Existe alguna área de su vida en particular en la que tiene tendencia a comportarse como un optimalista? ¿Existe alguna área en su vida en la que tiende a ser más perfeccionista?

Este libro está dividido en tres partes. En la primera parte, describo la teoría del perfeccionismo y desarrollo las ideas que he introducido en las líneas anteriores. El capítulo 1 trata de la importancia de aceptar el fracaso y del valor de aprender a fracasar para ser capaces de aprender. El capítulo 2 habla de la trascendencia de aceptar las emociones y desarrolla la idea de que tenemos que darnos permiso para ser humanos. El capítulo 3 se centra en la aceptación de los éxitos y en la importancia de marcarse objetivos ambiciosos, pero realistas, y de apreciar los éxitos en caso de conseguirlos. El último capítulo de esta parte del libro trata del valor de aceptar la realidad, fundamental para contrarrestar las tendencias perfeccionistas.

En la segunda sección del libro, aplico ideas de la primera parte a áreas específicas. El capítulo 5 trata de las acciones que pueden emprender profesores y padres para ayudar a los niños a conseguir tanto la felicidad como el éxito. En el capítulo 6 se traslada el perfeccionismo y el optimalismo al lugar de trabajo, demostrando los beneficios de ser un optimalista. En el capítulo 7 explico que para alcanzar el amor verdadero se debe renunciar a ciertas nociones poco realistas del amor perfecto.

La tercera y última parte del libro contiene una serie de breves meditaciones, cada una sobre un aspecto diferente del perfeccionismo. La primera meditación explora por qué suele resultar tan difícil cambiar las actitudes y los comportamientos, concretamente cuando se trata de las tendencias perfeccionistas. La segunda meditación introduce una técnica terapéutica cognitiva que se puede aplicar para superar el perfeccionismo. En la tercera meditación ofrezco algunas recomendaciones sobre cómo dar consejo a los demás. La cuarta meditación considera el papel de la medicina psiquiátrica para superar enfermedades psicológicas. La quinta meditación explora el papel del sufrimiento en nuestra vida, y la sexta subraya la importancia de quererse a sí mismo. La séptima meditación explora de qué forma el perfeccionismo contamina el trato que damos a los demás. El movimiento pro envejecimiento —en contraposición al movimiento antienvejecimiento— constituye el tema de la octava meditación. La novena meditación trata de la «gran decepción» y del precio que hay que pagar por ocultar las emociones. La última meditación se ocupa de los límites del conocimiento y de la aceptación de la ignorancia.

De todos los temas sobre los que escribo o enseño, el relacionado con el perfeccionismo es el que más presente tengo en mi corazón y en mi mente porque yo mismo he luchado contra mis propias tendencias perfeccionistas. Teniendo en cuenta que este tema siempre ha significado mucho para mí, no es de sorprender que mis alumnos digan con frecuencia que mis clases de perfeccionismo son las que más les interesan. Como en una ocasión escribió Carl Rogers: «Lo que es más personal, es más general».[6]

Espero que este libro sea tan significativo para usted como para mí lo ha sido escribirlo y como objeto de estudio es para mis alumnos. A lo largo de estas páginas, comparto muchas anécdotas personales e historias de otras personas; espero que le sean de utilidad para comprender la rigurosa investigación y la evidencia científica sobre las que se apoyan mis palabras.

Primera parte

LA TEORÍA

1

ACEPTAR EL FRACASO

«El mayor error que puede cometer un hombre es estar siempre temiendo cometer un error.»

Elbert Hubbard

La tarde del 31 de mayo de 1987 me convertí en el campeón de *squash* más joven de Israel. Me hacía mucha ilusión ganar el campeonato y me sentí inmensa y realmente feliz. Durante unas tres horas. Luego empecé a pensar que, en realidad, este éxito no era tan importante: el *squash*, al fin y al cabo, no era un deporte de gran calado en Israel, y sólo lo practicaban unos mil jugadores. ¿Era realmente tan importante ser el mejor de este grupo tan pequeño? A la mañana siguiente, determiné que esa satisfacción tan profunda y duradera que quería sentir sólo la conseguiría ganando el campeonato del mundo. En ese mismo instante, decidí que iba a convertirme en el mejor jugador del planeta. Unas semanas después, conseguí mi título de bachillerato, hice las maletas, y me fui a Inglaterra, que en aquel momento se consideraba el centro del *squash* internacional. Desde el aeropuerto de Heathrow, cogí el metro directamente hasta el Stripes, un club de *squash* situado en Ealing Broadway en el que entrenaba el por entonces campeón del mundo Jansher Khan. Y aunque él no lo sabía, ése se convirtió en el día en que inicié mi aprendizaje.

Observaba todos sus movimientos en la pista, en el gimnasio y en la calle. Cada mañana, antes de ir al club, Jansher corría diez kilómetros; así que yo hice lo mismo. Luego se pasaba cuatro horas en la pista, jugando contra otros jugadores y practicando con su entrenador; así que yo hice lo mismo. Por la tarde efectuaba una hora de pesas y otra de estiramientos; así que yo también lo hice.

El primer paso en mi plan para ganar el campeonato del mundo era mejorar de prisa para que Jansher me propusiera ser uno de sus contrincantes en los entrenos. Mejoré, y a los seis meses de mudarme a Inglaterra, Jansher me propuso jugar con él, un día que le falló uno de sus habituales. Unos meses después, me convertí en uno de ellos. Jugábamos y entrenábamos juntos cada día, y cuando iba a algún torneo, yo iba con él y calentábamos antes del partido o, si el partido no había sido demasiado duro para él (la mayoría de partidos no lo eran), jugábamos un poco después.

Si bien mis golpes y jugadas mejoraron considerablemente, había tenido que pagar un precio muy alto por ello. Mientras que Jansher había ido aumentando gradualmente la intensidad de su régimen de ejercicio, yo había tomado un atajo. Cuando llegué a Inglaterra, creía que sólo contaba con dos opciones: entrenar como el campeón del mundo (y convertirme en campeón) o no entrenar nada (y renunciar a mi sueño). Todo o nada. La intensidad del régimen de Jansher superaba con creces todo lo que yo había hecho antes. «Da igual —pensé—. Si quiero ser campeón del mundo, tengo que hacer lo que hace el campeón del mundo.»

Mi cuerpo pensaba de forma diferente. Empecé a sufrir lesiones con una regularidad creciente. En un principio fueron menores: un tirón en el brazo, dolor de espalda, dolor de rodilla, nada que me mantuviera alejado de la pista más de un par de días. Y confiaba en mis métodos porque a pesar de mis lesiones entrenaba como entrenaba el campeón del mundo, y mi juego seguía mejorando.

Pero mi problema era que mi rendimiento resultaba mucho peor en los torneos que en los entrenamientos. Si bien en las sesiones de entrenamiento no tenía ningún problema de concentración, los nervios previos a los partidos me mantenían toda la noche en vela y afectaban a mi rendimiento en pista. A menudo, en los partidos o en los puntos decisivos, era incapaz de soportar la presión.

Un año después de mudarme a Londres, alcancé la final de un importante torneo juvenil. Supuestamente tendría que haber ganado sin problemas, tendría que haber batido a los jugadores mejor clasificados del *ranking* durante las primeras rondas. Mi entrenador me estaba observando, mis amigos me estaban animando, y un periodista del periódico local también había acudido, dispuesto a informar al mundo de la nueva y brillante estrella del circuito de *squash*. Gané los dos primeros juegos fácilmente y estaba a dos puntos de hacerme con el partido cuando me cogió una rampa primero en el pie, luego, en la pierna y por último, en el brazo. Perdí el partido.

Nunca había tenido este tipo de rampas durante un entreno —por muy duro que me hubiera ejercitado— y tenía muy claro que los síntomas físicos eran el resultado de la presión psicológica. Lo que me frenó en esa ocasión, y en otras muchas ocasiones, fue mi intenso temor al fracaso. En mi cruzada por convertirme en campeón del mundo, el fracaso no era una opción. Con esto quiero decir que no sólo creía que convertirme en campeón del mundo suponía el único objetivo que valía la pena, sino que también juzgaba que sólo era aceptable tomar el camino más corto y más directo para conseguir mi objetivo. El camino hasta la cumbre debía ser una línea recta —no había tiempo (y yo creía que no había ningún motivo) para nada más.

Pero mi cuerpo, una vez más, pensaba de forma diferente. Después de dos años de hacer demasiado en poco tiempo, las lesiones incrementaron su gravedad, necesitando semanas en lugar de días para curarse. A pesar de todo, continué con mi régimen estricto. Eventualmente, a los veintiún años, plagado de lesiones y obligado por médicos expertos a bajar el ritmo, tuve que renunciar a mi sueño de convertirme en el mejor jugador del mundo.

Estaba destrozado y sin embargo, una parte de mí se sentía aliviada: los médicos me habían proporcionado una excusa aceptable para justificar mi fracaso.

Como alternativa a una carrera deportiva profesional, me decidí por la universidad. Trasladé mi interés por los deportes al mundo académico. Pero llevé a las aulas los mismos comportamientos, sentimientos y actitudes que había mostrado en las pistas. Una vez más, creía que tenía que elegir entre todo o nada, en términos de lo que tenía que trabajar y las notas que quería sacar. De esta forma, leía todo lo que todos los profesores decían y no toleraba ninguna nota que no fuera perfecta en todos mis trabajos y exámenes. La presión por conseguir este objetivo y la ansiedad que me producía pensar que podía fracasar me mantenían toda la noche en vela, incluso mucho después de haber entregado todos los trabajos y haber realizado todos los exámenes. En consecuencia, mis primeros años de universidad transcurrieron en un estado de estrés e infelicidad casi constante.

REFLEXIÓN ¿Se siente identificado con esta historia? ¿En qué sentido? ¿Conoce a alguien que haya pasado o esté pasando por experiencias similares?

Mi idea inicial, cuando entré en la universidad, era especializarme en ciencias. Obtenía mis mejores notas en ciencias y matemáticas. Para mí, era razón suficiente para continuar por el mismo camino; suponía la manera más directa de conseguir notas perfectas. Pero aunque mis notas fueron muy buenas, mi infelicidad y mi cada vez mayor fatiga fueron apartándome de esa opción segura, y empecé a interesarme por las ciencias sociales y humanísticas. Inicialmente, no me resultaba muy cómodo haber abandonado las ciencias, con sus verdades probadas, objetivas, y no estaba muy convencido del territorio más variado —y, para mí, desconocido— de las disciplinas más «suaves» en el que me había adentrado. No obstante, mi deseo de aliviar la ansiedad y la infelicidad aventajaba al temor y a la inquietud que me producía el cambio, de forma que, al final de mi primer año, cambié la informática por la psicología y la filosofía.

Fue entonces cuando me topé con la investigación sobre el perfeccionismo realizada por David Burns, Randy Frost, Gordon Flett y Paul Hewitt. Hasta entonces no había sido consciente de que mucha gente, en mayor o menor medida, tenía los mismos problemas que yo. En cierta forma, tanto la investigación como el descubrimiento de que no era el único me reconfortaron. Primero busqué en la literatura una solución rápida para dejar de ser como era (un perfeccionista inadaptado) y convertirme en lo que quería ser (un perfeccionista adaptado) —seguía buscando la solución directa y rápida—. Pero, ante mis intentos fallidos, profundicé un poco más en mi investigación, y con el tiempo llegué a tener un mejor conocimiento del tema, y de mí mismo.

PERFECCIONISMO *VERSUS* OPTIMALISMO

Vamos a echar un vistazo, ahora, a las diferencias esenciales entre el perfeccionista, que rechaza el fracaso, y el optimalista, que lo acepta. Antes que nada, sin embargo, es importante comprender que el perfeccionismo y el optimalismo no son cualidades distintas totalmente independientes. No hay nadie perfeccionista u optimalista al cien por cien. Debemos pensar, sin embargo, que el perfeccionismo y el optimalismo se sitúan a lo largo de un continuo y que cada uno tiende a ubicarse, en mayor o menor medida, en un extremo u otro de dicho continuo.

Además, se puede ser optimalista en algunas áreas de la vida y perfeccionista en otras. Por ejemplo, podemos mostrarnos bastante indulgentes con los errores que nosotros o los demás cometemos en el trabajo, pero desesperarnos cuando nuestras relaciones no satisfacen plenamente nuestras expectativas.

Podemos haber aprendido a aceptar que nuestra casa no esté impecable, pero cuando se trata de nuestros hijos, no aceptamos nada que no sea un comportamiento y unos resultados perfectos. En general, cuanto más se preocupa un perfeccionista por un aspecto determinado, más probable es que lo aborde con la mentalidad típica del perfeccionista. Por ejemplo, cuando el *squash* era el centro de mi vida, cada vez que participaba en un torneo experimentaba un miedo intenso al fracaso. Cuando entré en la universidad y desplacé el centro de atención de mi perfeccionismo a los estudios, trasladé el mismo temor paralizante a mis estudios. Por el contrario, cuando me entretengo con el *backgammon*, que es un juego de mesa que me gusta mucho, no experimento una ansiedad paralizante ni otros síntomas del perfeccionismo, puesto que la considero una actividad menos importante (excepto cuando juego contra mi mejor amigo y mayor rival, Amir).

EXPECTATIVA DE UN VIAJE PERFECTO

Perfeccionistas y optimalistas no difieren necesariamente en sus aspiraciones, en los propósitos que se marcan para sí mismos. Ambos pueden manifestar los mismos niveles de ambición, el mismo deseo intenso de alcanzar sus objetivos. La diferencia se halla en cómo cada uno aborda el proceso de conseguir sus objetivos. Para el perfeccionista, el fracaso no tiene cabida en el trayecto hasta la cumbre de la montaña; el recorrido ideal hacia sus objetivos es el más corto, el más directo: una línea recta. Todo lo que impide su progreso hacia su última intención se considera un obstáculo inoportuno, un impedimento en su camino. Para el optimalista, el fracaso constituye una parte inevitable del viaje de trasladarse desde donde se está hasta donde se quiere estar. Considera que el recorrido óptimo no es una línea recta, sino algo más parecido a una espiral ascendente: si bien se dirige de forma general hacia su objetivo, sabe que a lo largo del camino habrá varios desvíos.

Al perfeccionista le gusta pensar que este camino hacia el éxito puede ser, y será, una línea recta, sin posibilidad de fracaso. Pero su idea no se corresponde con la realidad.

Figura 1.1

Nos guste o no —y a muchos de nosotros, perfeccionistas u optimalistas, no nos gusta— en numerosas ocasiones tropezamos, cometemos errores, llegamos a calles sin salida y tenemos que dar la vuelta y volver a empezar de nuevo.

El perfeccionista, con su aspiración de una progresión impecable a lo largo del camino hacia sus objetivos, es irracional en las expectativas que se marca para sí mismo y para su vida. Vive de ilusiones y no toca de pies a tierra. El optimalista sí está bien arraigado: acepta que el camino a recorrer no siempre seguirá una línea recta y lisa y que, inevitablemente, encontrará obstáculos y desvíos. Contempla los hechos y la lógica y está en contacto con la realidad.

MIEDO AL FRACASO

La característica fundamental y específica del perfeccionismo se resume en el miedo al fracaso. El perfeccionista está condicionado por su miedo: su mayor preocupación es caerse, desviarse, tropezar, equivocarse.[1] Trata en vano de forzar la realidad (donde el fracaso es inevitable) para que encaje con su visión de la vida de línea recta (donde el fracaso no es aceptable), lo que supone pretender meter un cuadrado en un agujero redondo. Ante la imposibilidad de esta situación, empieza a evitar desafíos y actividades que conllevan un riesgo de fracaso. Y cuando realmente fracasa —cuando, tarde o temprano, tiene que hacer frente a sus imperfecciones, a su humanidad— se siente devastado, lo cual no hace más que intensificar su miedo a fracasar en el futuro.

Al optimalista tampoco le gusta fracasar —a nadie le gusta—, pero entiende que no existe otra forma de aprender y, al fin y al cabo, de triunfar. En palabras de las psicólogas Shelley Carson y Ellen Langer, el optimalista sabe que «desviarse del camino no siempre es negativo, y puede ofrecer opciones y lecciones que de otra forma no se habrían presentado».[2] Para el optimalista, el fracaso se convierte en una oportunidad de recibir *feedback*. Como no tiene tanto miedo al fracaso, puede aprender de él: cuando las cosas salen mal, se toma su tiempo, digiere el chasco y analiza sus causas. Luego vuelve a intentarlo, y se esfuerza más. Concentrándose en progresar y mejorar y recuperándose de las adversidades, acepta un camino más enrevesado hacia su destino que el perfeccionista, quien insiste en seguir una línea recta hacia su objetivo. Pero como el optimalista, al contrario del perfeccionista, no se rinde ni se queda paralizado por el miedo al fracaso, cuenta con muchas más posibilidades de alcanzar realmente sus objetivos.

Para el perfeccionista, la mejor vida posible —de hecho la única que está dispuesto a aceptar— es una en la que el fracaso no existe. Por el contrario, el optimalista sabe que la única existencia posible es una en la que el fracaso es inevitable y, teniendo en cuenta esa limitación, la mejor vida posible es aquella en la que acepta el fracaso y aprende de él.

CONCENTRARSE EN EL DESTINO

Lo único que le importa al perfeccionista es conseguir su objetivo. El proceso que debe seguir para alcanzarlo (el recorrido) no tiene ningún valor para él. Considera el recorrido simplemente como una serie de obstáculos a superar para alcanzar la meta. En este sentido, la vida del perfeccionista es una carrera de obstáculos, un infierno. Es incapaz de disfrutar del presente porque está totalmente obsesionado con la futura promoción, el premio inmediato, el próximo hito —que cree que lo hará feliz.

El perfeccionista es consciente de que no puede evitar el viaje, de forma que lo considera como un paso molesto pero necesario para alcanzar su objetivo, y trata de hacerlo lo más corto y lo menos doloroso posible.

En la película *Click*, el héroe, Michael Newman, es un perfeccionista consumado. Tiene un mando que le permite pasar rápido algunos momentos de su vida. Lo que más preocupa a Michael es que lo promocionen en su trabajo, lo cual cree que lo hará finalmente feliz, de forma que utiliza el mando para saltarse todo lo que tiene que experimentar en el camino hacia dicha promoción. Se salta el trabajo duro y los momentos difíciles, pero también todos los placeres de la vida diaria —como hacer el amor con su mujer— ya que ralentizan su progreso hacia su objetivo último. Considera todo aquello no directamente relacionado con su objetivo final como un desvío inoportuno en el camino.

Para los que lo rodean, Michael parece muy despierto, pero el mando le produce un efecto de sedación —no durante unas horas para evitar el dolor de una operación, sino durante la mayor parte de su vida— para no tener que experimentar un viaje que percibe como un impedimento para su felicidad. Esencialmente, Michael se pasa la vida durmiendo. Evidentemente, como se trata de una película de Hollywood, Michael se da cuenta de su error y se concede una segunda oportunidad, y en esta ocasión no comete el mismo error: elige vivir la vida en lugar de pasarla rápido con el mando y, en consecuencia, es mucho más feliz y mejor persona. En la vida real, los perfeccionistas que se pierden todo lo importante porque sólo les interesa su meta final no cuentan con una segunda oportunidad.

El optimalista puede tener exactamente las mismas aspiraciones que el perfeccionista, pero además valora el recorrido que lo conducirá hasta su destino. Sabe que, a lo largo del camino, habrá desvíos, algunos agradables y deseables; otros, no. A diferencia del perfeccionista, no está tan obsesionado con su objetivo como para que deje de importarle el resto de su existencia. Entiende perfectamente que es muy importante lo que se hace de camino a tu destino, y quiere estar totalmente despierto a medida que transcurre su vida.

LA MENTALIDAD DEL TODO O NADA

El universo del perfeccionista es ostensiblemente simple —las cosas están bien o mal, son buenas o malas, mejores o peores, un éxito o un fracaso—. Si bien, evidentemente, es importante distinguir el bien del mal, el éxito del fracaso (ya sea a nivel moral o en los deportes), el problema de la mentalidad del perfeccionista reside en que, para él, no existen otras categorías. No hay áreas grises, no hay matices ni complejidades. Como dice el psicólogo Asher Pacht: «Para el perfeccionista, sólo existen los extremos del continuo; es incapaz de reconocer que en medio hay algo».[3] El perfeccionista lleva la existencia de los extremos al extremo.

La mentalidad del todo o nada se manifiesta de distintas formas. Cuando jugaba a *squash*, mi intención era entrenar exactamente como el campeón del mundo, porque la única alternativa que contemplaba era no entrenar. Estaba totalmente volcado en el objetivo de ganar y no disfrutaba jugando. Cuando participaba en un torneo, experimentaba una presión desorbitada, especialmente si llegaba a la final, porque todo —mi autoestima— dependía de ganar un punto, un juego, un partido; o ganaba el torneo o me convertía en un perdedor. Para la persona consumida por esta mentalidad del todo o nada, cada desvío, por pequeño o temporal que sea, de la línea recta que lo conecta con su objetivo último se convierte en un fracaso total.

Aún así, no estoy sugiriendo que el optimalista sea un relativista que rechaza cualquier noción de ganar o perder, éxito o fracaso, correcto o incorrecto —sólo porque estas opciones signifiquen «extremos» polares en un continuo—.[4] El optimalista sabe que, si bien estas categorías existen —o ganas el torneo o lo pierdes, o cumples tus objetivos o fracasas—, también se dan una gran cantidad de puntos entre los extremos que pueden resultar necesarios y valiosos en sí mismos. Un optimalista se hubiera percatado de lo que yo no fui capaz de ver cuando imitaba todos los movimientos de Jansher Khan: que existen muchas más opciones, muchas de ellas saludables y apropiadas, aparte de entrenar como el campeón del mundo o no entrenar en absoluto. Un optimalista puede encontrar valor y satisfacción (en otras palabras, felicidad) en un rendimiento menos que perfecto, algo que yo era incapaz de hacer como perfeccionista.

ACTITUD DEFENSIVA

Al igual que el fracaso, las críticas pueden dejar al descubierto errores e imperfecciones. Debido a su mentalidad del todo o nada, los perfeccionistas perciben las críticas como algo potencialmente catastrófico, como un ataque peligroso a su sentimiento de valía personal. Cuando los critican, los perfeccionistas suelen adoptar una actitud extremadamente a la defensiva y, en consecuencia, son incapaces de valorar la consistencia de dichos juicios y el aprendizaje que de ellos se puede extraer.

El filósofo Mihnea Moldoveanu escribe que cuando «decimos que queremos la verdad, lo que estamos diciendo es que queremos ser correctos», una descripción perfecta del perfeccionista. Como mucha gente, el perfeccionista puede afirmar que desea aprender de los demás. Pero, en realidad, no está dispuesto a asumir lo que conlleva el aprendizaje —admitir un defecto, una imperfección o un error— porque su mayor preocupación, en realidad, consiste en demostrar que tiene razón.

En el fondo —o tal vez no tan en el fondo—, el perfeccionista sabe que su comportamiento antagonista y defensivo lo perjudica a él y a sus posibilidades de éxito, y aun así, su forma de verse a él mismo y al mundo que lo rodea hace que le resulte muy difícil cambiar. Dos mecanismos psicológicos lo llevan a adoptar dicha actitud defensiva: el deseo de recibir evaluaciones positivas y el deseo de autoafirmación personal, de que los demás lo vean tal como él se ve a sí mismo[5] —de que lo vean tal como es realmente (o como cree que es realmente).

Estos dos mecanismos suelen estar en conflicto. Por ejemplo, una persona con una autoestima baja puede querer dar buena imagen (deseo de recibir una evaluación positiva) y, al mismo tiempo, puede querer dar una imagen tan negativa como la que tiene de sí mismo (deseo de autoafirmación). Por un lado, desea que la perciban como una persona que vale. Por otro lado, su baja autoestima hace que se sienta indigna —y para poder sentir que los demás la ven como realmente es, quiere que la vean como una persona indigna—. Tanto un mecanismo como otro son rivales internos fuertes, y que uno u otro acabe dominando dependerá del individuo y de la situación específica.

En el caso del perfeccionista, el deseo de recibir evaluaciones positivas y de autoafirmación convergen, resultando en una actitud defensiva excesiva. El perfeccionista desea ofrecer una buena imagen (deseo de recibir evaluaciones positivas) y, por lo tanto, trata de mostrar un retrato impecable desviando las críticas. La imagen que el perfeccionista tiene de sí mismo —la única que tolera— es de una persona perfecta, y es capaz de llegar muy lejos con tal de convencer a los demás de que dicha imagen es correcta (autoafirmación). Defenderá su ego y la concepción que tiene de sí mismo a toda costa y no dejará que las críticas a las que pueda verse expuesto no sean perfectas.

El optimalista, por el contrario, está abierto a las sugerencias. Reconoce el valor del *feedback* —tanto si adquiere la forma de éxito, con elogios, o de fracaso, con críticas—. Aunque puede que no le guste que le señalen sus fallos —a la mayoría de la gente le disgusta que la critiquen, del mismo modo que le disgusta fracasar—, se toma el tiempo necesario para valorar abierta y honestamente la validez de las críticas y para analizar cómo puede aprender de ellas y mejorar. Como reconoce el valor del *feedback*, lo busca activamente y es agradecido con aquellos que están dispuestos a indicarle sus defectos y sus virtudes.

EN BUSCA DE DEFECTOS

El «buscador de defectos» Henry David Thoreau manifestó: «Encontraré defectos incluso en el paraíso».[6] La obsesión del perfeccionista por los «peros» hace que concentre toda su atención en la parte vacía del vaso. Por muy exitoso que sea, sus defectos e imperfecciones eclipsan todos sus logros. Como el perfeccionista tiene una mentalidad del todo o nada y crítica, tiende a ver el vaso totalmente vacío: la actitud crítica, de búsqueda de defectos, hace que lo vea un poco vacío, mientras que la del todo o nada lo lleva al extremo del vacío total. Como está bajo la ilusión de que un viaje en línea recta es posible y que el fracaso se puede evitar, está siempre pendiente de las imperfecciones y de los desvíos que pueda haber en el camino ideal. Al buscar defectos, evidentemente los encuentra, incluso en el paraíso.

Ralph Waldo Emerson escribió: «Para mentes diferentes, el mismo mundo puede ser el cielo y el infierno».[7] Nuestra interpretación subjetiva del mundo resulta significativa; lo que nos preocupa es relevante. Un rendimiento deportivo o académico menos que estelar, por ejemplo, será percibido por el perfeccionista como una catástrofe y puede hacerle evitar cualquier desafío futuro. El optimalista, sin embargo, aunque se sentirá decepcionado por sus fracasos, mostrará una mayor disposición a considerarlos como oportunidades de aprendizaje; el fracaso, en lugar de paralizarlo, puede estimular un esfuerzo adicional. Los optimalistas tienden a ser «buscadores de beneficios»: a pensar que no hay mal que por bien no venga, a ser capaces de hacer limonada sin limones, a ver el lado bueno de la vida, y a no criticar a los escritores por utilizar demasiados clichés. Con su capacidad para transformar los contratiempos en oportunidades, el optimalista transcurre por la vida con una mentalidad optimista.

No obstante, si bien el optimalista tiende a concentrarse en los beneficios potenciales inherentes a cualquier situación, también reconoce que no todos los sucesos negativos cuentan con un lado positivo, que en la vida ocurren muchas cosas desfavorables y que, en ocasiones, una reacción negativa a los acontecimientos resulta muy apropiada.

Si una persona nunca aprecia el lado negativo de las cosas, se la puede considerar una *Pollyanna*,* y es exactamente tan irrealista como una persona que sólo percibe el lado negativo de las cosas.

* Personaje creado por la autora Eleanor H. Porter, protagonista de varios de sus libros, cuya característica más destacada es su eterno optimismo. *(N. de la t.)*

DUREZA

El perfeccionista puede ser extremadamente duro consigo mismo, y también con los demás. Cuando comete un error y fracasa, es implacable. Su dureza se origina en su creencia de que es posible (y evidentemente deseable) ir por la vida tranquilamente, sin cometer errores. Los errores son evitables —tiene capacidad para hacerlo— y, por lo tanto, considera que la severidad consigo mismo supone una forma de asumir la responsabilidad. El perfeccionista lleva la noción de la responsabilidad a un extremo insano.

El optimalista, por su parte, asume la responsabilidad de sus errores y aprende de sus fracasos, aceptando que es inevitable equivocarse y experimentar fracasos. Por lo tanto, el optimalista es mucho más comprensivo con sus fallos, mucho más indulgente consigo mismo.

La dureza del perfeccionista y la tendencia del optimalista a perdonar los errores se extienden al trato que dan a los demás. Nuestro comportamiento con nuestros semejantes suele ser un reflejo del trato que nos damos a nosotros mismos. Normalmente, la tendencia a ser compasivo con uno mismo se traduce en una actitud amable y compasiva con los demás; lo contrario es igualmente cierto, ya que si uno es muy duro consigo mismo, suele serlo también con los demás.

RIGIDEZ

Para el perfeccionista, sólo existe un camino para llegar a su meta, y es una línea recta. La ruta que se marca para sí mismo (y para los demás) es rígida y estática, y el lenguaje que tiende a utilizar para comunicar sus intenciones es categórico, incluso moralista: deber, tener, haber.

En este proceso de decisión, los sentimientos son irrelevantes. Los considera perjudiciales porque pueden cambiar, normalmente de forma impredecible, y no encajan con sus «deberes» y «obligaciones». Los imprevistos resultan peligrosos; hay que conocer el futuro. El cambio es el enemigo; la espontaneidad y la improvisación son demasiado arriesgadas. La ligereza es inaceptable, especialmente en aquellas áreas que más le importan, a menos que los parámetros se hayan clarificado y definido previamente.

La rigidez del perfeccionista tiene su origen, al menos en parte, en una necesidad de control obsesiva. El perfeccionista intenta controlar todos los aspectos de su vida porque teme que, de renunciar a parte del control, su mundo se venga abajo. Si debe desempeñar alguna tarea en el trabajo o donde sea, prefiere hacerlo él. No confía en los demás, a menos que esté seguro de que seguirán sus instrucciones al pie de la letra. Su temor a dejarse llevar está íntimamente relacionado con su miedo al fracaso.

Esta rigidez también se manifiesta de otra forma. Imagine una persona que, comprometida con su objetivo de convertirse en socio de una empresa de consultoría, se pasa setenta horas a la semana en la oficina. Es infeliz laboralmente, y sabe que el trabajo que más lo ha llenado en su vida ha sido cuando ayudaba en un restaurante durante los veranos universitarios. Pero se niega a cambiar de planes —puede que incluso rehúse reconocer que se siente desgraciado— y continúa firme en su camino que lo llevará a convertirse en socio; cueste lo que cueste, se niega a renunciar a su objetivo, se prohíbe fracasar en su intento de llegar a ser socio.

El optimalista también se marca objetivos ambiciosos, aunque, a diferencia del perfeccionista, no está encadenado a estos compromisos. Puede decidir, por ejemplo, seguir invirtiendo tiempo y esfuerzo en su objetivo de convertirse en socio de la empresa, pero, al mismo tiempo, relajar un poco su horario, o tomarse unos días de vacaciones para estudiar si, después de todo, montar un restaurante no sería una opción viable. En otras palabras, el optimalista no traza su dirección de acuerdo a un mapa rígido, sino utilizando un compás más flexible. Dicho compás le brinda la confianza necesaria para deambular, para coger el camino enrevesado. Si bien tiene clara la dirección que seguirá, es dinámico y adaptable, está abierto a alternativas diferentes y es capaz de enfrentarse a imprevistos y giros inesperados. Al aceptar que diferentes caminos pueden igualmente llevarlo a su destino, es flexible, aunque no débil, y está abierto a posibilidades sin ser indeciso.

El perfeccionista	**El optimalista**
Camino como línea recta.	Camino como espiral irregular.
Miedo al fracaso.	El fracaso como un contratiempo.
Concentración en el destino.	Se concentra en el recorrido y el destino.
Mentalidad del todo o nada.	Mentalidad compleja, matizada.
Actitud defensiva.	Abierto a sugerencias.
Busca defectos.	Busca beneficios.
Dureza.	Indulgente.
Rígido, estático.	Adaptable, dinámico.

REFLEXIÓN ¿Se siente identificado con algunas de las características asociadas al perfeccionismo? ¿Cómo afectan estas características a su vida?

CONSECUENCIAS

Evidentemente, muchos perfeccionistas no muestran todas las características que he desarrollado hasta ahora. Ni tampoco lo hacen en la misma medida en todas las situaciones. Pero cuanto más las exhiben, mayor es su susceptibilidad a padecer una serie de trastornos, problemas y dificultades asociados al perfeccionismo. Éstos incluyen autoestima baja, desórdenes alimentarios, disfunción sexual, depresión, ansiedad, trastorno obsesivo-compulsivo, afecciones psicosomáticas, síndrome de fatiga crónica, alcoholismo, fobia social, pánico, tendencia paralizante a dejar las cosas para otro momento y dificultades serias en las relaciones.[8] A continuación desarrollaré algunas de estas consecuencias.

Autoestima baja

El perfeccionismo tiene un impacto devastador sobre la autoestima. Piense en un niño educado en una familia en la que, haga lo que haga, siempre lo critican o le llaman la atención. Imagine un empleado cuyo jefe está constantemente señalando sus errores. ¿Es posible que este niño o este empleado gocen de una buena autoestima? Seguramente no. Sin embargo, es bastante probable que si su amor propio recibiera algún tipo de impulso en otro sitio, al poco tiempo, en su entorno, volverían a hacer que descendiera. A nadie le gustaría ser ese niño o ese empleado y vivir o trabajar en esas condiciones. Sin embargo, el perfeccionista no sólo vive en este entorno; además, se lo impone.

Puesto que la vida de un perfeccionista es una carrera de obstáculos inacabable, únicamente podrá disfrutar de sus éxitos durante un corto período de tiempo. Sus fracasos pesan mucho más que sus éxitos, puesto que cada vez que consigue superar un objetivo con éxito empieza inmediatamente a preocuparse por su próxima meta y por lo que puede ocurrir si no la consigue. La mentalidad del todo o nada lleva al perfeccionista a transformar todas las dificultades con las que se encuentra en una catástrofe, en un asalto a su valía como ser humano. Inevitablemente, su autoestima se resiente, ya que se torna muy crítico consigo mismo.

Cuando pienso en mi carrera como jugador de *squash*, me siento orgulloso de mis esfuerzos, de mi dedicación a mi objetivo y de lo que conseguí. En ese momento, sin embargo, mi autoestima se veía constantemente golpeada como consecuencia de una derrota o de la amenaza de una derrota inminente. Por aquel entonces, muy poca gente sabía que mi amor propio apenas sí existía —era impensable que el perfeccionista que había en mí mostrara alguna debilidad o imperfección—. El perfeccionista siempre trata de sobrevalorarse a sí mismo y de dar la imagen impecable de lo que Nathaniel Branden ha denominado pseudo-autoestima: «La imagen de confianza y respeto por nosotros mismos que, en realidad, no sentimos».[9]

A diferencia del perfeccionista, el optimalista no vive en una prisión psicológica creada por él mismo. De hecho, con el tiempo, su autoestima aumenta. Una de las cosas que siempre anhelo para mis alumnos es que fracasen más a menudo (aunque evidentemente no les gusta nada que se lo diga). Los tropiezos frecuentes significan que se ponen a prueba continuamente, que llegan al límite y que se desafían a sí mismos. Sólo aprenderemos y creceremos a partir de la experiencia de desafiarnos a nosotros mismos, y por lo general evolucionamos y maduramos en mayor medida a partir de nuestros fracasos que de nuestros éxitos. Además, cuando nos arriesgamos, cuando caemos y nos levantamos de nuevo, nos volvemos más fuertes y más resistentes.

En su trabajo sobre la autoestima, Richard Bednar y Scott Peterson destacan que su propia experiencia al enfrentarse a desafíos y correr el riesgo de fracasar ha aumentado la confianza en sí mismos.[10] Si evitamos las dificultades y los retos por miedo a un revés, nos enviamos el mensaje de que somos incapaces de superar las dificultades —en este caso, de superar el fracaso— y, como resultado, nuestra autoestima se resiente. Pero si nos retamos a nosotros mismos, internalizamos el mensaje de que somos lo suficientemente resistentes para superar cualquier fracaso potencial.

A la larga, aceptar los desafíos en lugar de evitarlos tiene un mayor efecto sobre nuestra autoestima que ganar o perder, fracasar o triunfar.

Paradójicamente, la confianza en nosotros mismos y la fe en nuestra capacidad de superar las dificultades pueden verse reforzadas con el fracaso, porque nos damos cuenta de que lo que siempre nos había dado tanto miedo —fracasar— no ha sido tan terrible como pensábamos. Como el Mago de Oz, que resulta ser mucho menos terrorífico de lo que parecía, el fracaso también resulta mucho menos terrible cuando lo afrontamos directamente. Con los años, al evitar el fracaso, el perfeccionista le atribuye mucho más poder del que en realidad merece. El dolor asociado al miedo al fracaso suele ser más intenso que el dolor que sigue al fracaso real.

J. K. Rowling, autora de la saga de Harry Potter, habló del valor del fracaso en su discurso de 2008 en la Universidad de Harvard:

> Fracasar implicaba desprenderme de lo superfluo [...]. Me liberé porque mi mayor temor se había hecho realidad, y seguía viva, y seguía teniendo una hija a la que adoraba, y una vieja máquina de escribir y una gran idea. Y lo más bajo se convirtió en los cimientos sólidos sobre los que rehíce mi vida [...]. El fracaso me proporcionó una seguridad interior que nunca había conseguido aprobando exámenes. El fracaso me enseñó cosas de mí misma que no hubiera averiguado de ninguna otra forma. Descubrí que poseía una gran fuerza de voluntad y que era más disciplinada de lo que creía; también descubrí que contaba con amigos que valían mucho más que cualquier piedra preciosa [...]. Saber que has aflorado más sabia y más fuerte de las dificultades significa que, desde ese momento, confías en tu capacidad de supervivencia. Nunca te conocerás realmente ni serás consciente de la fuerza de tus relaciones hasta que te hayas topado cara a cara con la adversidad.

Sólo podemos aprender a superar el fracaso experimentándolo, enfrentándonos a él. Cuanto antes hagamos frente a las dificultades y los contratiempos, más preparados estaremos para afrontar los obstáculos inevitables que encontremos en el camino.

El talento y el éxito sin el efecto moderador del fracaso pueden resultar perjudiciales, incluso peligrosos. Hasta que Vincent Foster fue elegido diputado del consejo del presidente Clinton, el ascenso en su carrera había sido remarcablemente suave. Según uno de sus colegas, Foster no había experimentado ninguna dificultad profesional: «Nunca. Ni la más mínima [...] Era como si fuera por la vida deslizándose». Entonces, la administración Clinton y el despacho de Foster fueron objeto de escrutinio, y él sintió que no había logrado proteger al presidente y mantener el proceso bajo control. Este fracaso percibido lo destrozó y, como era incapaz de enfrentarse a algo que no fuera el éxito total, se suicidó. Nada en su experiencia previa lo había preparado para superar el impacto psicológico del fracaso.[11]

Esto no quiere decir que el hecho de fracasar en algún momento de la vida resulte agradable o fácil, o que no haya nada comparable al fracaso devastador. No obstante, no arriesgarse para evitar el fracaso acaba resultando mucho más perjudicial para el éxito y para el bienestar general a largo plazo que arriesgarse y fracasar. Como dijo el teólogo danés Søren Kierkegaard: «Arriesgarse es perder el equilibrio momentáneamente. No arriesgarse es perderse a uno mismo». Cuando nos arriesgamos, cuando luchamos, tenemos muchas más probabilidades de fracasar —y, sin duda, esto tiene un coste—. Pero el precio que hay que pagar por no arriesgarse y no fracasar es mucho más alto.

REFLEXIÓN Piense en algún desafío que haya tenido que superar, algo arriesgado. ¿Qué ha aprendido de ello y en qué sentido ha madurado a raíz de esa experiencia?

Desórdenes alimentarios

En un artículo sobre la conexión entre los desórdenes alimentarios y el perfeccionismo, la psicóloga Anna Bardone-Cone y sus colegas citan una investigación que sugiere que «la característica del perfeccionismo asociada a la tendencia a interpretar los errores como fracasos está íntimamente relacionada con los desórdenes alimentarios».[12] Los perfeccionistas son propensos a padecer trastornos alimentarios porque en su mentalidad del todo o nada sólo existe el fracaso o el éxito extremo —y, por lo tanto, con respecto a la imagen que tienen de su cuerpo, las opciones se resumen a estar muy gordos o muy delgados, a atiborrarse de comida o morirse de hambre—. No exhiben un término medio saludable.

Los medios de comunicación fomentan las actitudes perfeccionistas. La imagen perfecta que hay que transmitir —el «todo» en oposición al «nada»— no se deja a la imaginación del hombre o la mujer, sino que más bien nos la encontramos en las portadas de las revistas y en los carteles publicitarios. El perfeccionista pasa por alto el hecho de que mucha gente no tiene el aspecto de un supermodelo —y de que incluso los supermodelos no lo son realmente—. El Photoshop elimina las arrugas y las líneas de expresión, disimulando el sufrimiento humano tras ellas.

El perfeccionista, como es de carne y hueso y no una imagen digital perfecta, siempre encuentra algún fallo en su apariencia. Su mentalidad del todo o nada magnifica cualquier imperfección, cualquier desviación de su imagen idealizada. Se obsesiona con el kilo extra que puede haber ganado o con la arruga que cree que lo afea. El perfeccionista toma medidas extremas para eliminar estas imperfecciones percibidas, bien recurriendo repetidamente a la cirugía plástica, a los tratamientos de belleza invasivos o a la inanición.

Cuando un perfeccionista quiere perder peso, suele adoptar un régimen alimenticio extremo, que sigue al pie de la letra. Pero cuando eventualmente, por la razón que sea, cae en la tentación de comer un alimento prohibido, su sensación de fracaso le resulta tan insoportable que se castiga tanto psicológica como físicamente. Muchas veces acaba devorando medio litro de helado y engullendo todo lo que encuentra a su paso. En su mundo de todo o nada, o sigue un régimen total o prescinde totalmente de los regímenes. Lo irónico es que incluso cuando se está tomando el medio litro de helado, no obtiene ningún placer de ello; la conciencia de su fracaso le impide disfrutar de lo que está comiendo.

Los optimalistas no son necesariamente ajenos a su imagen o a lo que comen. No obstante, los estándares con los que se miden son humanos, no superhumanos. Entienden la diferencia entre una persona real multidimensional y una foto bidimensional retocada píxel por píxel. Y si cuidan su dieta o su peso, no se castigan si de vez en cuando sucumben a la tentación. Diversos tropiezos esporádicos no les harán cambiar de un comportamiento extremo a otro: reconocen y aceptan su humanidad (en otras palabras, su debilidad) y son compasivos consigo mismos. De vez en cuando, siguen el consejo de Oscar Wilde y se dejan vencer por la tentación disfrutando de una deliciosa bola de helado.

Disfunción sexual

El perfeccionismo es una de las causas psicológicas de disfunción sexual tanto en los hombres como en las mujeres. La expectativa de un hombre de tener un rendimiento sexual intachable puede ser causa de disfunción eréctil. Para una mujer, la necesidad de dar la talla puede llegar a obsesionarla tanto como para impedirle disfrutar del sexo. En ambos casos, cada encuentro sexual se convierte en un examen, con posibles ramificaciones de amplio alcance. La noche puede convertirse en una sesión de sexo alucinante o en un desastre total. La mentalidad del todo o nada provoca que una sola actuación imperfecta sea una catástrofe, y la obsesión por esta actuación puede acabar provocando la impotencia en el hombre y el síndrome de inapetencia sexual en la mujer.

Ser excesivamente crítico —con el propio cuerpo, con el rendimiento sexual, con el de la pareja— puede causar que no se disfrute del sexo.

Además, la obsesión del perfeccionista por el destino a expensas del viaje puede hacer que se obsesione con el orgasmo y que disfrute poco o nada del placer de hacer el amor.

Los optimalistas aceptan las imperfecciones de su cuerpo y de su rendimiento sexual como algo natural y humano y, por lo tanto, son capaces de gozar durante el acto sexual. Como no les preocupan los defectos que ellos o sus parejas puedan descubrir o poner al descubierto, pueden experimentar los placeres de la mente y del cuerpo al hacer el amor.

Depresión

Los perfeccionistas corren el riesgo de sufrir depresiones, hecho poco sorprendente si consideramos que, entre las causas de la depresión, se incluyen la búsqueda de defectos, la mentalidad del todo o nada y la obsesión por el objetivo sin disfrutar absolutamente del trayecto hasta dicho objetivo. Nos pasamos la mayor parte de la vida recorriendo ese camino, siendo muy breve el momento en el que llegamos a nuestro destino y conseguimos nuestros objetivos. Si lo único que conseguimos en el viaje se resume en infelicidad y dolor, entonces nuestra vida, en general, resultará infeliz y dolorosa.

Como hemos visto, los perfeccionistas tienden a adolecer de una baja autoestima porque dirigen la búsqueda de errores a su interior, hecho que puede conducirlos a la depresión. La depresión, sin embargo, también puede originarse en la tendencia del perfeccionista a buscar fallos en el exterior. El potencial de felicidad se halla tanto en nuestro interior como a nuestro alrededor; lamentablemente, el potencial de infelicidad, también. Y puesto que el perfeccionista encuentra defectos en todas partes, las circunstancias reales de su vida importan muy poco, porque hará todo lo posible por encontrar algún inconveniente, lo magnificará desproporcionadamente y arruinará cualquier posibilidad de disfrutar de lo que posee o realiza.

De vez en cuando, el optimalista, evidentemente, experimenta momentos de tristeza, pero afronta las experiencias comprometidas sin dificultad. Es capaz de adoptar una perspectiva de superación de los problemas y, como tiene en cuenta la experiencia del viaje, mantiene la mayor parte del tiempo un estado positivo. Su vida no está exenta de altibajos. En ocasiones, siente profundo abatimiento y frustración. Pero su vida no se ve deslucida por el miedo constante al fracaso o por el impacto magnificado del propio fracaso.

El optimalista también está mejor equipado para hacer frente a los desafíos. El psicólogo Carl Rogers identifica el progreso fundamental de una terapia como aquel en el que el paciente se da cuenta de que es «un proceso fluido, no una entidad fija y estática; un río de cambio que fluye, no un bloque de material sólido; una constelación de potencialidades en constante cambio, no una cantidad fija de características».[13] Rogers está describiendo, esencialmente, al optimalista cuya flexibilidad le permite aprender en lugar de estancarse, crecer más fuerte en lugar de con debilidad, navegar por aguas peligrosas en lugar de hundirse en desórdenes emocionales.

Desórdenes de ansiedad

El perfeccionismo no sólo causa desórdenes de ansiedad, sino que en sí mismo puede ser considerado como una forma de desorden de la ansiedad: ansiedad por el fracaso. Puesto que la mentalidad del todo o nada no distingue pequeños reveses de grandes naufragios, prácticamente cualquier situación tiene el potencial de ser catastrófica, y esto es algo que el perfeccionista siempre teme. Como consecuencia de su preocupación obsesiva por estas «catástrofes» que están a la vuelta de la esquina, el perfeccionista experimenta una ansiedad continuada y, en ocasiones, pánico.

Sin embargo, otro elemento también puede causar ansiedad y depresión a los perfeccionistas: su mentalidad rígida, inflexible. Uno de los motivos de que la ansiedad y la depresión estén en aumento en todo el mundo reside en el ritmo tan rápido al que se están produciendo los cambios —los mercados cambian a diario, la tecnología avanza en nanosegundos y, constantemente, se anuncian y promueven nuevas formas de hacer y de ser.

La percepción fija e inflexible de cómo hay que actuar y vivir es permanentemente cuestionada por el mundo exterior, un entorno fluido y, en ocasiones, impredecible.

Hace tres mil años, el perfeccionismo podía suponer un problema, pero teniendo en cuenta que el mundo era relativamente estático, se podía sobrevivir e incluso prosperar siendo un perfeccionista. Actualmente —y cada vez más— cobra gran importancia deslizarse del perfeccionismo al optimalismo, puesto que una mentalidad rígida no resulta adecuada para la fluidez moderna. Dicha rigidez constituye uno de los motivos del aumento de los niveles de depresión, ansiedad y de los índices de suicidio entre los más jóvenes en Estados Unidos y en China, niveles que están teniendo un aumento sin precedentes en todo el mundo.

Al optimalista, al ser más flexible y estar más abierto a las desviaciones, le resulta mucho más fácil hacer frente al entorno cambiante. Si bien, de vez en cuando, se topa con algún problema ante el cambio, cuenta con la determinación y la confianza en sí mismo necesarias para afrontar lo impredecible y lo incierto. El cambio no supone una amenaza, sino un desafío; lo desconocido no es aterrador, sino fascinante.

REFLEXIÓN ¿Tiene que luchar con algunos de los problemas y las dificultades asociados al perfeccionismo? ¿En qué aspectos de su vida se considera optimalista?

ÉXITO

Muchos perfeccionistas saben que su perfeccionismo les causa daño, pero se resisten a cambiar porque creen que aunque el perfeccionismo no da la felicidad, puede dar el éxito. Haciéndose eco de la elección de John Stuart Mill entre ser un Sócrates infeliz y un loco feliz, el perfeccionista cree que tiene que optar entre ser un vago perdedor (y quizá feliz) y un perfeccionista exitoso (aunque infeliz). Como no quiere ser un vago, elige el otro extremo, aplacado por su fe en la filosofía de «el que algo quiere, algo le cuesta». El optimalista, sin embargo, desafía la filosofía del perfeccionista con la suya, ya que él prefiere la de «mejor sin dolor» (¡lo siento!). Y, de hecho, la investigación demuestra que si bien existen perfeccionistas muy exitosos, en igualdad de condiciones, un optimalista tiene más probabilidades de ser feliz. Esto se debe a varios motivos, incluidos los que veremos a continuación.

Aprender del fracaso

Para seguir siendo útil y competitivo, hay que estar siempre aprendiendo y mejorando, es decir, hay que fracasar. No es una casualidad que las personas con más éxito a lo largo de la historia hayan sido las que más han fracasado. Thomas Edison, que registró 1.093 patentes —incluidas las asociadas a la bombilla, el fonógrafo, el telégrafo y el cemento—, declaró orgulloso que había naufragado en su travesía hacia el éxito. Cuando alguien le decía que había fracasado diez mil veces mientras había estado trabajando en uno de sus inventos, Edison respondía: «No he fracasado. Simplemente he encontrado diez mil formas que no han funcionado». George *Babe* Ruth, considerado por muchos el mejor jugador de béisbol de la historia, consiguió 714 *home runs,* una marca que conservó durante treinta y nueve años. Pero también batió cinco veces el récord de *strikeouts.* Michael Jordan, posiblemente el mejor deportista de todos los tiempos, recuerda a sus admiradores que también es humano: «He fallado más de nueve mil tiros en mi carrera. He perdido casi trescientos partidos. Veintiséis veces han confiado en mí para hacer el tiro ganador, y he fallado. En mi vida he fallado muchas veces. Y gracias a eso, he triunfado». Y luego está el joven que a los veintidós años perdió su trabajo. Un año después decidió probar suerte en política, se presentó como candidato al Parlamento y fue rechazado. Entonces, lo intentó en la empresa y fracasó. A los veintisiete años sufrió una crisis nerviosa, pero se recuperó, y con treinta y cuatro años y bastante más experiencia, se presentó candidato al Congreso. Perdió. Cinco años después, volvió a ocurrir lo mismo. Lejos de desanimarse por su fracaso, se marcó unos objetivos todavía más ambiciosos y, a los cuarenta y seis años, presentó su candidatura al Senado. Al fracasar de nuevo, intentó que lo nombraran vicepresidente, de nuevo sin éxito. A punto de celebrar su cincuenta cumpleaños, tras varias décadas de fracasos y derrotas profesionales, volvió a presentarse al Senado y, de nuevo, no lo consiguió. Pero dos años más tarde, este hombre, Abraham Lincoln, se convirtió en el decimosexto presidente de Estados Unidos.

Éstas son anécdotas de personas excepcionales, pero el trasfondo de sus historias es común a millones de personas que han conseguido grandes o pequeñas proezas fracasando en su camino hacia el éxito. El fracaso es esencial para conseguir el éxito —aunque obviamente no es suficiente—. En otras palabras, si bien el fracaso no garantiza el éxito, la ausencia de fracaso casi siempre asegura la ausencia de éxito. Aquellos individuos que saben que el fracaso está íntimamente conectado con el éxito son aquellos que aprenden, maduran y acaban haciéndolo bien. Si no aprendes a fracasar, no aprenderás nunca.

La cómoda relación que los optimalistas tienen con el fracaso los hace más propensos a experimentar y a arriesgarse, y también les concede un mayor grado de apertura a recibir *feedback.* Un estudio que me resultó particularmente interesante demostró que los perfeccionistas escribían peor que los no perfeccionistas porque «no les gustaba que nadie viera las pruebas de lo que escribían, privándose así del *feedback* que hubiera podido mejorar sus dotes de escritura».[14]

Un deseo auténtico de aprender —bien procedente del *feedback* de otras personas o del que puede proporcionar el propio fracaso— constituye un requisito fundamental para el éxito, ya sea en la banca, en la enseñanza, en los deportes, en la ingeniería o en cualquier otra profesión.

Rendimiento bajo

Los psicólogos Robert Yerkes y J. D. Dodson han demostrado que el rendimiento aumenta a medida que se incrementan los niveles de activación mental y psicológica —hasta un punto en el que el aumento de la activación produce una disminución del rendimiento—.[15] En otras palabras, el rendimiento se puede resentir tanto con niveles de activación demasiado bajos (letargo o complacencia) como con niveles de activación demasiado altos (ansiedad o miedo). Entonces, ¿cuándo es más probable que una persona rinda al máximo? Pues cuando experimente excitación, el punto medio entre el letargo y la ansiedad.

Los que obtienen mejores resultados en los deportes, la empresa, la ciencia, la política y en cualquier área suelen experimentar una gran decepción cuando sus esfuerzos no son suficientes para satisfacer sus expectativas.

Sin embargo, no se quedan paralizados por un temor intenso a un posible revés; y si finalmente fracasan (ya que a todos nos ocurre de vez en cuando), no dramatizan. La combinación de, por un lado, la lucha por el éxito y, por otro, la aceptación del fracaso como parte natural de la

Figura 1.2

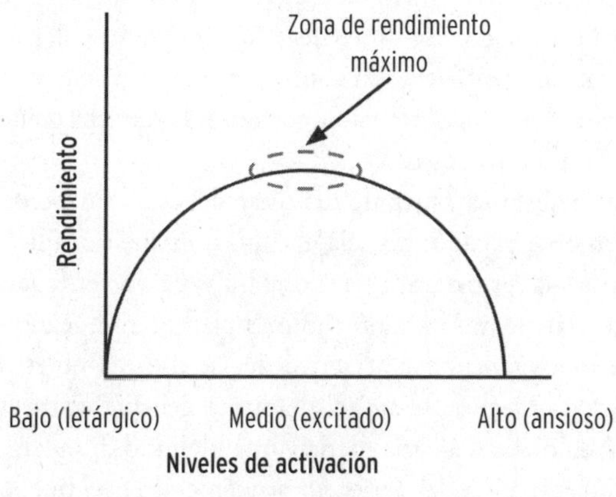

vida, les permite experimentar el tipo de excitación que conduce a un rendimiento máximo.

Disfrutar del viaje

Howard Gardner, uno de los pensadores más importantes en el área de la educación, estudió las vidas de personas extraordinarias como Gandhi, Freud, Picasso y Einstein, así como de otros individuos brillantes pero menos conocidos.[16] Gardner descubrió que son necesarios aproximadamente diez años de trabajo para adquirir el nivel de experiencia preciso para triunfar en cualquier área —desde la empresa hasta los deportes, la medicina o el arte—. Y, obviamente, el trabajo y el esfuerzo no se terminan al cabo de diez años —ya que ese esfuerzo, y algunas veces incluso mucho más, se vuelve imprescindible para conservar el éxito.

Para el perfeccionista, mantener este nivel de esfuerzo puede resultar extremadamente difícil. La obsesión del perfeccionista por el destino y su incapacidad para disfrutar del viaje minan eventualmente su deseo y motivación, de forma que le resulta más costoso realizar el esfuerzo que le permita lograr el éxito. Por muy motivado que se haya mostrado al principio, la presión por mantener un nivel determinado de esfuerzo durante períodos de tiempo prolongados acaba resultando intolerable si, durante todo el proceso —el viaje—, se siente infeliz. Se alcanza un punto en que, a pesar de la motivación del perfeccionista para triunfar, parte de su voluntad empieza a desfallecer, simplemente para evitar más dolor. Por mucho que anhele la promoción de mando intermedio a *senior*, el perfeccionista puede pensar que, como el viaje es tan largo —y siempre dura más, mucho más que ese breve instante en el que se llega al destino—, será incapaz de aguantarlo. En consecuencia, puede empezar a dedicar el menor tiempo posible al trabajo y consumir la mínima energía posible en la realización de sus tareas.

El optimalista es capaz de disfrutar del viaje sin perder de vista su destino. Si bien el camino hacia el éxito no tiene por qué ser fácil y sin obstáculos —se esforzará, caerá, dudará y de vez en cuando lo pasará mal—, su viaje le resultará mucho más placentero que al perfeccionista. Se siente motivado por el atractivo del destino (el objetivo que quiere conseguir) y por el del viaje (el día a día del que disfruta). Tiene una sensación de dicha o alegría diaria y una plenitud duradera.

La concentración del perfeccionista en el destino puede perjudicarlo en otro sentido. La investigación demuestra que el perfeccionismo lleva a la procrastinación y a la parálisis.[17] El perfeccionista deja a un lado ciertas tareas temporalmente (procrastinación) o permanentemente (parálisis) porque el trabajo le resulta doloroso y, al mismo tiempo, porque la inacción le proporciona una excusa para el fracaso. «Si no lo intento —se dice a sí mismo— no fracasaré.» En la lógica perversa del perfeccionista, en la que sólo importan los resultados, evitar el fracaso huyendo del propio trabajo contiene cierta lógica. No obstante, al intentar excluir la posibilidad de fracaso, el perfeccionista está también suprimiendo la posibilidad de éxito.

Utilizar el tiempo de forma eficiente

La mentalidad del todo o nada —la idea de que si un trabajo no se va a hacer perfecto, más vale no hacerlo— conduce a la procrastinación y, de una manera más general, al uso ineficiente del tiempo. Para realizar algo de forma perfecta (asumiendo que la perfección es posible), normalmente hay que realizar un esfuerzo extraordinario que puede no estar justificado en el contexto de la tarea en cuestión. Teniendo en cuenta que el tiempo es un recurso muy valioso, el perfeccionismo resulta extremadamente caro.

Cuando sea necesario, el optimalista dedicará tanto tiempo a una tarea como lo haría un perfeccionista. Pero no todos los trabajos son igual de importantes, y no todos requieren la misma dedicación. Por ejemplo, comprobar que todas las juntas están perfectamente selladas antes de lanzar una nave al espacio es claramente fundamental, y no se puede tolerar un trabajo que no sea perfecto. Sin embargo, para un ingeniero puede que no resulten de gran relevancia los colores de un gráfico de un informe interno sobre los presupuestos departamentales.

Durante mis dos primeros años en la universidad, dediqué enormes cantidades de tiempo a todos los trabajos de todas las asignaturas, y estudié lo mismo para todos los exámenes. Con el tiempo, a medida que me daba cuenta del precio tan alto que tenía que pagar por mi perfeccionismo, me fui acercando cada vez más al extremo optimalista del continuo. Mi punto de vista cambió, y adopté la regla del 80/20, también conocida como principio de Pareto.

La regla del 80/20

Este principio debe su nombre al economista italiano Vilfredo Pareto, que observó el fenómeno del 80/20, el cual dice que, de forma general, el 20 por ciento de la población de un país posee el 80 por ciento de su riqueza; que el 20 por ciento de los clientes de una compañía generan el 80 por ciento de sus ingresos, y así sucesivamente. Más recientemente, Richard Koch y Marc Mancini, han aplicado el principio a la gestión del tiempo, y sugieren que podemos hacer un mejor uso de nuestro tiempo si invertimos nuestros esfuerzos en el 20 por ciento que nos permitirá obtener el 80 por ciento de los resultados que queremos conseguir.[18] Por ejemplo, puede que necesitemos dos o tres horas para hacer un informe perfecto, pero en treinta minutos podemos hacer un informe que sea lo suficientemente bueno para lo que queremos conseguir.

En la universidad, cuando dejé de ser un perfeccionista que tenía que leer todas y cada una de las palabras de todos los libros que mis profesores me recomendaban, empecé a aplicar el principio de Pareto, leyendo entre líneas la mayoría de las lecturas asignadas, pero identificando y concentrándome en el 20 por ciento del texto que me iba a proporcionar «el máximo beneficio con el mínimo esfuerzo». Seguía queriendo tener buenos resultados académicos; eso no había cambiado demasiado. Lo que había variado era mi mentalidad, que me había guiado como perfeccionista, de que era «un diez o nada». Si bien al principio mis notas se resintieron ligeramente, pude dedicar más tiempo a actividades extra curriculares importantes, como jugar a *squash*, desarrollar mi carrera de orador público y, por último, aunque no menos importante, salir con mis amigos. Al final, no sólo fui mucho más feliz que durante mis dos primeros años en la universidad, sino que además, considerando ese período de mi vida en conjunto y no únicamente a través de la media de mis notas, conseguí muchos más éxitos. La regla del 80/20 ha seguido siendo muy útil en mi carrera.

REFLEXIÓN Piense en cómo organiza su tiempo según la regla del 80/20. ¿Dónde puede recortar? ¿Dónde quiere invertir más tiempo?

El perfeccionismo se manifiesta de distintas formas y medidas en cada persona. En consecuencia, algunas de las características descritas en este capítulo pueden resultar relevantes para algunas personas, mientras que para otras no. El primer paso, por lo tanto, es adoptar una actitud abierta, no a la defensiva, e identificar las características más significativas para cada uno. El segundo paso es conocer mejor estas características y sus consecuencias. Finalmente, el último paso es obrar el cambio deseado mediante una combinación de acción y reflexión —pensando en las «reflexiones» y realizando los ejercicios de este libro.

Desplazarse al lado optimalista del continuo supone un proyecto de larga duración, que sólo finaliza cuando termina la propia vida. Es un recorrido que requiere mucha paciencia, tiempo y esfuerzo —y un viaje que puede ser maravillosamente agradable e infinitamente gratificante.

EJERCICIOS

Pasar a la acción

La investigación realizada por el psicólogo Daryl Bem demuestra que nos formamos una opinión de nosotros mismos del mismo modo que nos la formamos de los demás, concretamente a través de la observación.[19] Si observamos que una persona está ayudando a alguien, concluimos que es amable; si vemos que una mujer defiende sus derechos, concluimos que tiene principios y es valiente. De forma parecida, sacamos conclusiones de nosotros mismos observando nuestro propio comportamiento. Cuando actuamos con amabilidad y valentía, nuestras actitudes se inclinan en la dirección de nuestra acción y tendemos a sentirnos y percibirnos más amables y más valientes. A través de este mecanismo, que Bem denomina Teoría de la autopercepción, los comportamientos pueden modificar las actitudes a largo plazo. Y puesto que el perfeccionismo es una actitud, podemos empezar a cambiarla a través de nuestro comportamiento. En otras palabras, si nos vemos a nosotros mismos actuando como los optimalistas –arriesgándonos, atreviéndonos a salir de nuestra zona de confort, mostrándonos abiertos en lugar de a la defensiva, cayendo y levantándonos de nuevo–, acabaremos convirtiéndonos en optimalistas.

Para este ejercicio, piense en algo que siempre ha querido concretar pero que ha evitado por miedo a hacerlo mal. A continuación, ¡hágalo! Presentarse a una audición, entrar a formar parte de un equipo deportivo, pedirle una cita a alguien, empezar a redactar ese libro que siempre ha querido escribir. Cuando esté en ello, así como en otras facetas de su vida, actúe como si fuera un optimalista, aunque inicialmente tenga que fingir. Busque oportunidades adicionales de abandonar su zona de confort, pida *feedback* y ayuda, admita sus errores, etcétera.

Espero que se divierta con este ejercicio. No se preocupe si no se desarrolla de forma correcta y debe repetirlo. Cuando escriba, piense en cómo este proceso de aprendizaje a partir del fracaso se puede aplicar a otras áreas de su vida.

Llevar un diario sobre el fracaso

En su trabajo sobre la concienciación y la aceptación de uno mismo, las psicólogas Shelley Carson y Ellen Langer observaron que «cuando una persona se permite analizar sus errores y ve que puede aprender de ellos, piensa detenidamente en sí misma y en su mundo, y es mucho más capaz no sólo de aceptarse a sí misma y a sus errores sino también de estar agradecida y reconocer que sus errores contribuirán a su crecimiento futuro».[20] El siguiente ejercicio le resultará útil en la investigación de sus errores.

Tómese quince minutos de su tiempo y describa un acontecimiento o una situación en la que haya fracasado.[21] Refiera lo que hizo, los pensamientos que pasaron por su cabeza, cómo se sintió en aquel momento y cómo se siente ahora, mientras está escribiendo. ¿Ha cambiado con el paso del tiempo su perspectiva del acontecimiento? ¿Qué lecciones ha aprendido de la experiencia? ¿Puede pensar en algún otro beneficio derivado de ese fracaso y que haya convertido la experiencia en valiosa?

Repita este ejercicio dos o tres veces, ya sea en días consecutivos o durante un período de varias semanas. Puede escribir siempre sobre el mismo fracaso o sobre uno diferente.

2

ACEPTAR LAS EMOCIONES

«Los que no saben cómo llorar con el corazón tampoco saben cómo reír con él.»

Golda Meir

Yom Kippur, 1973. Mi primer recuerdo.

Suena el teléfono en nuestro apartamento de Ramat Gan, Israel. Contesta mi padre. Le dice algo en voz baja a mi madre. Se miran y luego me miran a mí. Están muy pálidos. Mi padre se va a su habitación. Corro tras él. Se pone el uniforme militar. Se abrocha los cordones de las botas. Se pone en pie. Me acaricia el pelo. Lo sigo afuera, se dirige hacia nuestro Ford Cortina. Mi amigo Esti se encuentra junto a su padre. También lleva el uniforme. Todos los padres están junto a sus coches con el uniforme. Me conozco todos los coches del barrio.

—Papá, en Yom Kippur no se puede conducir.

—Cariño, estamos en guerra —responde, tapando los faros del coche con betún.

—¿Por qué pintas los faros? —pregunto.

—Para que los aviones no nos vean en la oscuridad —contesta.

—¿Los Phantoms?

—No, los Migs.

—Pero, tenemos que volver al templo. El *shofar...* —le suplico.

—Irás con mamá —dice, y sus labios rozan suavemente mi mejilla. Entra en el coche, lo pone en marcha y se aleja.

Quiero ir tras él, pero mi madre me retiene, y me pongo a llorar, y lloro, y no puedo parar de llorar. Shaul, nuestro anciano vecino, me dice:

—¿Quieres ser soldado cuando seas mayor, como tu papá?

—Sí —consigo decirle entre sollozos.

—Los soldados no lloran.

Dejo de llorar.

El viejo puerto de Jaffa, 1989. A unos metros de casa, un pescador y su mujer están sentados uno junto a otro. Observan un barco en la lejanía y luego cruzan sus miradas. Yo estoy mirando a mi novia, a la que no he visto en dos semanas, lo cual me parece una eternidad. La luna llena refleja su luz en su delicado rostro, y mientras la contemplo siento que se me saltan las lágrimas. Dirijo mi mirada hacia otro lado. Ella se acerca. Me acaricia el pelo con los dedos. Quiero decirle lo mucho que la quiero. No lo hago.

Club de *squash* Herzliya, 1991. La final del campeonato nacional de Israel. Soy el favorito para ganar el campeonato por cuarta vez. Pierdo. La ceremonia de entrega de premios es terrible, pero aguanto estoicamente. Hago y digo lo que tengo que decir, hasta que por fin todo acaba y abandono el recinto con mi novia. En cuanto salimos, ella empieza a llorar.

—¿Por qué lloras? —le pregunto.

—Lloro porque tú no lloras.

Al día siguiente me trae un disco con una canción cuya letra incluye la frase «Dame la fuerza para ser débil». Se me saltan las lágrimas.

Las experiencias de mi infancia me enseñaron a suprimir mis emociones, a ocultar mi dolor. Tardé años en desaprender este hábito tan dañino y en darme permiso para sentir, para ser humano. Mi avance psicológico más significativo se produjo cuando me di cuenta —cuando internalicé realmente el concepto— de que podía estar triste, de que no había nada malo en sentirme abatido, asustado, solo o ansioso. Esa simple realización, que no había nada malo en sentir, supuso el primer paso de un largo viaje, un viaje que continúa, con sus avances y sus dificultades, sus victorias y sus derrotas.

En el primer capítulo me he centrado en el rechazo del perfeccionista al fracaso en el contexto del rendimiento. En este capítulo me centraré en el rechazo al fracaso en el mundo de las emociones, en lo que el perfeccionista percibe como fracaso emocional.

Hemos visto que el perfeccionista tiene una visión muy rígida de cómo debería ser su vida (y la de los demás) y cómo rechaza cualquier desviación inaceptable de ese ideal. En el ámbito del rendimiento, del éxito personal o profesional, el ideal del perfeccionista se resume en una trayectoria directa hacia el éxito. En el ámbito de las emociones, el ideal del perfeccionista es, en muchos casos, una vida que comprende una cadena perfecta de sentimientos positivos. Digo en muchos casos porque algunos perfeccionistas perciben una vida atormentada como la ideal: el alma torturada, el artista que sufre, el marginado atribulado, la víctima engañada, etcétera. Para estos últimos, el paradigma al que aspiran, ya sea de forma consciente o inconsciente, es una vida que comprende una cadena perfecta de emociones negativas, y rechazan cualquier emoción positiva que puedan sentir. No obstante, independientemente de que su aspiración sea una cadena perfecta de emociones positivas o negativas, el perfeccionista rechaza todas las desviaciones del estado emocional que ha reivindicado como suyo. Nuestra naturaleza —y la realidad de la vida— es que, nos guste o no, experimentamos una gran variedad de emociones. Y si no nos concedemos el permiso de experimentarlas, el resultado inevitable será la aparición de emociones intensamente dolorosas o puede que incluso algo peor: la incapacidad de sentir algún tipo de emoción.

Por el contrario, el optimalista ve la vida tal como es: fluida, cambiante y dinámica. Del mismo modo que acepta el fracaso como una parte de la experiencia humana, acepta las emociones desagradables (y agradables) como una consecuencia inevitable de estar vivo. Se muestra abierto a lo que el mundo le ofrece y es capaz de aceptar la vida y toda la variedad de experiencias y emociones que ésta le brinda. Por lo tanto, cuenta con más probabilidades que el perfeccionista de experimentar emociones y expresarlas (llorando cuando tiene necesidad de hacerlo, compartiendo sus sentimientos con sus amigos o escribiendo sobre sus sentimientos en su diario).

La vida emocional que espera el perfeccionista es de una euforia constante; el optimalista, por su parte, concibe su existencia con altibajos emocionales y todo tipo de estadios intermedios. El perfeccionista rechaza las emociones negativas que no satisfacen sus expectativas de flujo inquebrantable de emociones positivas; el optimalista se permite experimentar todo el abanico de emociones humanas.

Muchos, como yo, aprendieron a una edad muy temprana a ocultar y anular sus sentimientos, tanto los agradables como los desagradables. Tal vez les dijeron que los chicos no lloraban, que expresar alegría por los éxitos suponía una muestra de vanidad impropia o que no era correcto

Figura 2.1

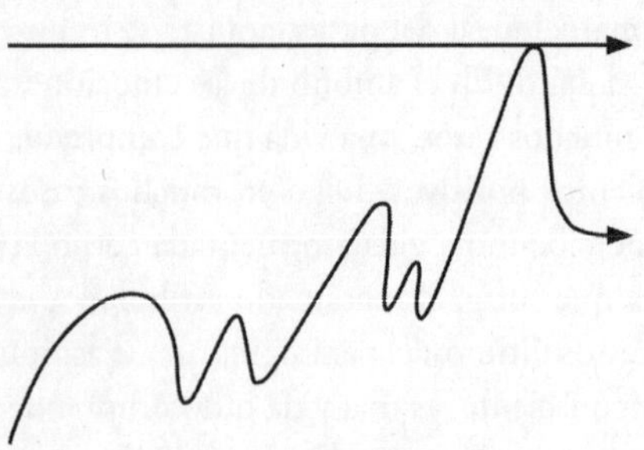

desear algo de otra persona. Tal vez les dijeron que sentir atracción por una persona y desear expresar esa atracción físicamente era algo sucio y vergonzoso o, por el contrario, que sentir vergüenza por abrirse emocional y físicamente estaba pasado de moda y resultaba ridículo. Desaprender las lecciones de la infancia y juventud es complicado; por eso a muchos nos resulta tan difícil abrirnos al flujo de las emociones.

REFLEXIÓN ¿Recuerda si en su infancia le enseñaron a expresar o a ocultar las emociones?

DEJAR FLUIR LOS SENTIMIENTOS

Imagine qué ocurriría si paseáramos por la calle más importante de la ciudad sin controlar nuestras emociones. Comentarios desagradables de un transeúnte incapaz de satisfacer nuestras sensibilidades estéticas; obscenidades pronunciadas de forma descontrolada cada vez que nuestras expectativas se vieran frustradas; un desenfrenado flujo de lágrimas (de alegría o tristeza) en respuesta a recuerdos evocados en cualquier lugar; un comentario espontáneo y luego un asalto a un objeto sexual que se cruzara en nuestro camino. La ley de la jungla —el producto del impulso, la impaciencia y la fuerza bruta— lanzarían una OPA hostil a nuestras junglas concretas. Afortunadamente, hemos aprendido a suprimir nuestros instintos básicos, a controlar nuestras urgencias descontroladas —a ocultar nuestros sentimientos más primarios y a domesticar el innoble salvaje que todos llevamos dentro.

Si siempre expusiéramos nuestras emociones, los vínculos sociales no se mantendrían; comunidades, familias y relaciones se romperían. En algún momento de nuestras vidas, todos hemos sentido una emoción primaria (envidia, miedo, deseo) hacia un amigo o compañero, que, de haberla expresado, hubiera puesto en peligro nuestra relación con esa persona. En nuestra imaginación, todos hemos violado algunas de las reglas que mantienen unida la sociedad —hemos deseado a la mujer del vecino, nos hemos enfadado con alguien hasta el punto de hacerle daño.

Desde muy pronto aprendemos a controlar nuestras emociones en público —actitud muy necesaria para sobrevivir y ya no digamos para prosperar en el mundo—. Pero, como sucede con la mayoría de las intervenciones humanas en la naturaleza, suprimir nuestros sentimientos también provoca efectos secundarios.

Si bien a veces resulta necesario disimular ciertas emociones (cuando estamos con los demás), lo cierto es que puede ser perjudicial intentar mantenerlas fuera de la mente cuando estamos solos. Nos han enseñado que no es propio mostrar ansiedad o llorar en público, así que en privado también contenemos nuestras emociones; que enfadándonos no haremos amigos, y con el tiempo perdemos la capacidad de expresar y experimentar cualquier tipo de rabia o enfado. Extinguimos nuestra ansiedad, miedo y rabia simplemente para convertirnos en una compañía agradable y fácil y, en el proceso de conseguir la aceptación de los demás, nos negamos a nosotros mismos. Negarnos el permiso a reconocer y experimentar emociones «indeseables» supone un perjuicio para nuestro bienestar y un obstáculo para convertirnos en optimalistas.

EL COSTE DE SUPRIMIR LAS EMOCIONES

Se ha escrito mucho sobre el coste de suprimir las emociones para el bienestar anímico. Psicólogos como Carl Rogers y Nathaniel Branden han demostrado el daño que podemos causarle a la autoestima si negamos nuestros sentimientos. Richard Wenzlaff y Daniel Wegner, en su investigación sobre la supresión del pensamiento, han demostrado que «la tendencia a evitar pensar en temas traumáticos o que producen ansiedad puede provocar el regreso de esos temas a la mente, activando así un ciclo que puede perpetuar desórdenes de la ansiedad». En otra investigación, han demostrado que «niveles altos de supresión de pensamientos depresivos se asociaban a un empeoramiento de los síntomas depresivos». En lugar de intentar suprimir o evitar ciertos pensamientos, Wenzlaff y Wegner sugieren que, para superar la ansiedad y la depresión, puede resultar mucho más efectivo «aceptar y expresar los pensamientos no deseados».[1]

Cuando el perfeccionista niega sus emociones, no sólo negándose a expresarlas sino también a experimentarlas, éstas se intensifican, justo lo contrario de lo que quería. Pruebe el siguiente experimento sugerido por el psicólogo Daniel Wegner: durante los próximos diez segundos, repítase a sí mismo que no puede pensar en un oso blanco, que, bajo ninguna circunstancia, puede pensar en un oso blanco... Lo más probable es que durante los próximos diez segundos no pueda dejar de pensar en un oso blanco. Si realmente quería alejar la imagen de un oso blanco, hubiera sido mucho mejor que se permitiera pensar en uno y luego, al cabo de un instante, el pensamiento hubiera desaparecido de forma natural —como suele ocurrir con cualquier pensamiento—. El intento de suprimir activamente un pensamiento, de combatirlo y bloquearlo, lo mantiene vivo e intenso. De forma parecida, emociones como la ansiedad, el miedo o la envidia se intensifican cuando tratamos de suprimirlas, cuando tratamos de combatirlas y bloquear su flujo natural. El optimalista lo sabe y se permite experimentar emociones negativas porque sabe que, al hacerlo, tiene muchas más probabilidades de que estas emociones se debiliten y desaparezcan.

Cuando empecé a enseñar, uno de los mayores retos que afronté fue la ansiedad que me producía hablar en público. Como persona introvertida y perfeccionista, mis clases me producían tal ansiedad que, aparte de estar seguro de que toda la audiencia podía oír como me latía el corazón, me resultaba muy difícil recordar lo que quería decir y casi no podía hablar porque mi boca se resecaba. Mi primera reacción fue atacar la ansiedad de frente, negándome a tolerar esa emoción negativa. Sin embargo, para mi sorpresa y disgusto, la emoción se intensificó. Hasta que no dejé de intentar suprimir mi ansiedad y empecé a darme permiso para estar nervioso —cuando la acepté y le di permiso para estar ahí— no empezó a ceder.

La aceptación genuina de las emociones no puede ser condicional o instrumental. Si el único motivo por el que nos damos permiso para ser humanos es conseguir un fin (tener más éxito, por ejemplo), estaremos cayendo en la pseudo-aceptación. Y no funciona. En el caso de la ansiedad que me producía hablar en público, por ejemplo, no habría servido de nada que me dijera a mí mismo: «Vale, voy a aceptar la ansiedad y así podré dar una clase perfecta con una calma perfecta». Tenemos que aceptar nuestras emociones por lo que son y estar dispuestos a vivir con ellas. Esto significa que debemos aceptar las emociones negativas incluso cuando persisten más allá de nuestro deseo o voluntad. La aceptación genuina supone, primero, aceptar que estamos molestos y, a continuación, admitir que nuestra situación puede no mejorar a pesar de haber aceptado que estamos molestos. La capacidad de aceptación verdadera constituye la diferencia fundamental entre el perfeccionista y el optimalista.

Aceptación

Uno de los mensajes más importantes de la cábala, una de las principales corrientes de la mística judía, dice que «para influir, hay que tener la voluntad de aceptar». La propia palabra «cábala» significa «aceptación» y, en este contexto, la palabra «influencia» significa «la creación de afluencia espiritual y física». Cuando aceptamos plenamente la realidad (lo bueno y lo malo, lo agradable y lo desagradable), podemos crear y difundir afluencia; cuando aceptamos en lugar de resistirnos, nos convertimos en un canal, en un conducto, a través del cual pueden fluir la bondad y la sabiduría. Si bien esta idea puede parecer mística —ya que, al fin y al cabo, procede de la tradición judía—, el mensaje que transmite es, en esencia, científico.

Francis Bacon, padre filosófico de la revolución científica, escribió que «la naturaleza, para ser gobernada, debe ser obedecida». Bacon, al igual que la cábala, sostiene que para crear afluencia, para utilizar el potencial de la naturaleza en nuestro beneficio, primero hay que admitir la realidad y adaptarse a ella en lugar de rechazarla. Sólo cuando aceptemos las leyes y los procesos de la naturaleza —cuando asimilemos su existencia en lugar de percibirlos como alterables— podremos hacer un uso productivo de la misma. La eclosión de la revolución científica, que, a su vez, dio origen a la revolución industrial y a una afluencia material sin precedentes, se produjo cuando todo el mundo siguió el consejo de Bacon y obedeció a la naturaleza, aceptando el mundo natural por lo que es en lugar de rechazar sus leyes y reemplazarlas por ideas místicas.

El consejo de Bacon se aplica tanto a nuestra vida interior como al mundo que nos rodea. El perfeccionista tiene que pagar un precio muy alto cuando no tiene en cuenta su naturaleza, cuando se niega a aceptar la realidad de las emociones negativas y las rechaza. El optimalista es más capaz de disfrutar de la afluencia psicológica, de obtener satisfacción de su vida, porque reconoce la naturaleza y acepta que las emociones negativas constituyen una parte inevitable de la realidad. Del mismo modo que los científicos sólo han sido capaces de realizar avances significativos en la tecnología aceptando las leyes de la naturaleza física (las de la gravedad y la termodinámica, por ejemplo), también nosotros sólo podremos disfrutar de vidas más plenas y ricas si aceptamos las leyes de la naturaleza humana. Y, nos guste o no, las emociones negativas forman parte de esa naturaleza.

CURACIÓN DEL DOLOR

Si inyectamos agua en una tubería atascada, la presión aumentará mucho más que si el agua fluye libremente a través de una tubería limpia; de forma parecida, si dejamos que las emociones negativas fluyan a través nuestro de forma natural y libre, la presión remitirá y finalmente desaparecerá. Una acumulación continuada de la presión del agua puede causar que la tubería se rompa y reviente; una acumulación de sentimientos negativos no liberados puede provocar un colapso emocional. Si bien éste es un riesgo que corren los perfeccionistas, los optimalistas no se ponen en una situación en la que la presión emocional pueda aumentar descontroladamente durante un período de tiempo prolongado. En lugar de negar su dolor y combatirlo, lo aceptan; en lugar de castigarse por su ansiedad, la asumen y dejan que fluya a través de ellos siguiendo su curso.

El filósofo Alan Watts, que realizó una gran labor en la introducción del pensamiento zen en Occidente, escribió: «La diferencia entre los adeptos al zen y los hombres y mujeres corrientes es que estos últimos están, de una manera u otra, en desacuerdo con su humanidad». Cuando dejamos de resistirnos a lo que somos y sentimos, nos deshacemos de la pesada carga que supone la interminable y desesperada lucha contra nuestra humanidad.

REFLEXIÓN ¿En qué aspectos cree que está en desacuerdo con su humanidad?

Viktor Frankl propuso la técnica de las intenciones paradójicas como método para superar el estrés o la ansiedad. Frankl sugirió que, en lugar de eliminar la ansiedad, deberíamos intentar inducir más ansiedad —animarnos a sentirnos más ansiosos, más nerviosos—. De este modo, al permitirle a la ansiedad fluir libremente, remitiría. Esta técnica particular me ayudó en gran medida a superar la ansiedad que me provocaba hablar en público. En lugar de combatirla, ¡la invocaba! Me exhortaba a estar más ansioso, más nervioso. Y, paradójicamente, me calmaba.

El terapeuta e investigador David Barlow y sus colegas proponen un método similar para superar el estrés y la ansiedad: la exposición al problema o la inquietud. Los pacientes con niveles de ansiedad excesivos deben imaginar el peor escenario posible relacionado con la causa de su inquietud. A continuación, tienen que seguir estas instrucciones: «Es fundamental que imagine el peor acontecimiento que pueda ocurrir y que se concentre en él todo lo que pueda. No evite este pensamiento o imagen, ya que de hacerlo, frustrará la finalidad de este ejercicio».[2] En primer lugar, se invita al paciente a experimentar plenamente la emoción y la incomodidad que produce el escenario imaginado. Sólo entonces el paciente puede pasar a la segunda fase, que consiste en tranquilizarse y hacer frente a la irracionalidad de sus pensamientos. Si bien inicialmente su intensidad aumenta como consecuencia de la exposición a su inquietud, muy pronto los niveles de ansiedad caen por debajo de los niveles iniciales. Los pacientes se sorprenden de la rapidez y la naturalidad con la que su ansiedad decrece.

Matthieu Ricard, científico y monje budista, afirma que «cuanto más plantas cara a la ira, más desaparece de tu vista, como la nieve que se funde bajo la mañana soleada. Cuando la miramos de verdad, de pronto, pierde su fuerza».[3] Lo mismo se aplica a la envidia, la tristeza, la ansiedad, el odio y otras emociones desagradables.

Todos nacemos con capacidades de curación innatas. Todos podemos combatir los gérmenes, soldar huesos rotos, generar piel nueva. Para curarnos físicamente, debemos otorgarle al sanador natural que llevamos dentro el tiempo necesario para hacer su trabajo. Para curar las heridas psicológicas, utilizamos un mecanismo similar. Pero aparte del tiempo, la curación psicológica requiere que desplacemos la atención al dolor emocional y que la mantengamos ahí. Del mismo modo que no necesitamos ayuda profesional para curarnos de todas nuestras magulladuras o arañazos, en muchos casos, basta con dejar que nuestro sanador psicológico interior cumpla su función para no tener que recurrir a ayuda externa.

El psicólogo de Oxford Mark Williams y sus colegas han demostrado que concentrarse intencionada y conscientemente en las manifestaciones físicas de la depresión ayuda a superarla y a reducir la probabilidad de recaída tras la recuperación. De hecho, los investigadores han demostrado que generalmente «intentar recuperarse de la depresión utilizando el método tradicional de resolver los problemas, intentando "arreglar" lo que está "mal" en nosotros, no hace más que empeorar las cosas».[4] La solución, no a todas, pero sí a muchas de nuestras aflicciones psicológicas no reside en arreglar/hacer, sino en aceptar/ser.

Es esto último lo que permitirá que el sanador natural despliegue su magia. Como escribe Williams: «Si dejamos de tratar de ignorar o eliminar la incomodidad física y pasamos a prestar atención a la curiosidad, podemos transformar nuestra experiencia». Aceptar las emociones significa verlas de forma benigna, acogiéndolas como parte de nuestra naturaleza y, por lo tanto, como algo interesante y valioso. Para mí, el mero hecho de que fuera consciente de mi ansiedad antes de una clase, de las partes de mi cuerpo en las que se manifestaba, y no intentara reducirla ni hacer que desapareciera la molestia fue suficiente para aliviarla.

Es importante distinguir entre aceptar las emociones negativas y pensar compulsivamente en ellas. La aceptación implica convivir con la emoción; la compulsión implica pensar obsesivamente en la emoción. Obsesionarse con la emoción o el acontecimiento que la ha generado resulta improductivo e insano, y puede intensificar la emoción, en lugar de disolverla: «Pensar compulsivamente forma parte del problema, no de la solución».[5]

Esto no significa que analizar o pensar en una emoción o en sus causas no pueda hacer que nos sintamos mejor; sin duda puede. Sin embargo, en lugar de dejar que los pensamientos den vueltas en nuestra cabeza (rumiar), es mucho mejor expresarlos verbalmente o por escrito.[6] Tener un diario personal en el que podamos expresar nuestros pensamientos y sentimientos puede tener beneficios significativos. En una serie de experimentos, el psicólogo James Pennebaker demostró que los estudiantes que dedicaban veinte minutos a escribir sobre experiencias difíciles durante cuatro días consecutivos acababan siendo más felices y estaban físicamente más sanos.[7]

Expresar nuestros pensamientos y compartir nuestros sentimientos con alguien en quien confiamos puede resultar tan útil como ponerlos por escrito.

Si bien no debemos vociferar mientras vamos caminando por la calle o gritarle a nuestro jefe cuando nos hace enfadar, es importante que dispongamos de algún canal a través del cual expresar nuestras emociones. Podemos charlar con un amigo de nuestro enfado o ansiedad, escribir en nuestro diario sobre nuestro miedo o envidia, unirnos a un grupo de apoyo de gente con problemas similares a los nuestros y, de vez en cuando, a solas o en presencia de alguien que nos quiera, dejar ir alguna lágrima, de tristeza o alegría.

REFLEXIÓN ¿Cómo da salida a sus emociones negativas? ¿Cuenta con alguna persona de confianza a su alrededor? ¿Alguien con quien desarrollar un vínculo de confianza? ¿Escribe un diario?

LA VARIEDAD DE LAS EMOCIONES HUMANAS

El mejor consejo que recibimos mi mujer, Tami, y yo cuando nació nuestro primer hijo David, vino de nuestro pediatra. «Durante los próximos meses —dijo— vais a experimentar una gran cantidad de emociones, muchas veces llevadas al extremo. Vais a experimentar alegría y sobrecogimiento, frustración y rabia, felicidad e irritación. Es normal. Todos hemos pasado por ello.» ¡Qué razón tenía! Si bien hubo momentos de alegría, también afrontamos dificultades. Por ejemplo, cuando David cumplió un mes, empecé a tenerle un poco de envidia. ¿Por qué? Porque, por primera vez desde que Tami y yo empezamos a salir, dedicaba su atención a alguien distinto a mí.

Pero luego, a los cinco minutos de sentir envidia, experimentaba el amor más intenso por David. Mi primera reacción era tacharme de hipócrita, cuestionar la autenticidad de mi amor; ¿cómo podían ser reales mis sentimientos de amor hacia él, y al mismo tiempo tenerle envidia? Entonces me venían a la mente las palabras de nuestro pediatra, recordándome que era normal sentir lo que sentía, básicamente dándome permiso para ser humano.

El consejo del pediatra me ayudó en dos sentidos relacionados: en primer lugar, porque pude reconocer y aceptar (en lugar de rechazar y suprimir) mi sentimiento de envidia, y poco a poco fue remitiendo y dejando de tener importancia; en segundo lugar, porque pude experimentar y disfrutar del sentimiento de amor con mucha más intensidad, sin que se viera mermado por sentimientos de culpa o de falta de candidez.

La aceptación es un prerrequisito fundamental para vivir una vida emocional sana. Cuando aceptamos nuestras emociones, cuando admitimos todo lo humano que existe en nuestro interior, abrimos un espacio dentro del cual podemos sentir. Cerrar la válvula emocional al flujo de emociones negativas restringe inevitablemente el flujo de emociones positivas futuras. El mismo sistema se aplica al flujo en su totalidad (emociones positivas y negativas), y si bloqueamos el flujo de una emoción, la capacidad de experimentar otras emociones se resiente. Cuando me niego a aceptar que después de cometer un error me disgusto, estoy restringiendo mi capacidad de alegrarme cuando me pase algo bueno. Cuando no reconozco que me he enfadado con mi pareja, estoy limitando mi capacidad de amarla. Cuando niego mi miedo, estoy sofocando mi valor. Cuando no me doy permiso para sentir envidia, estoy minando mi generosidad. En palabras del psicólogo Abraham Maslow: «Al protegerse del infierno que lleva dentro, se priva del cielo que lleva dentro».

Nadie puede disfrutar de una existencia emocional perfecta, de una cadena de emociones positivas perfecta. Tratar de vivir ese tipo de vida negando las emociones negativas cuando aparecen no hace más que aumentar el sufrimiento. Para un funcionamiento humano óptimo, para poder disfrutar de la mejor vida posible, hay que concederse el espacio y el permiso necesarios para experimentar y expresar todo el abanico de emociones humanas.

ACEPTACIÓN Y RESIGNACIÓN

Aceptar una emoción no significa resignarse a ella. Nathaniel Branden explica: «La predisposición a experimentar y aceptar nuestros sentimientos no implica en absoluto que las emociones vayan a tener la última palabra en nuestra vida. Puede que hoy no tenga ganas de trabajar; puedo reconocer mis sentimientos, experimentarlos, aceptarlos y luego ir a trabajar. Trabajaré con la mente más clara porque no habré empezado el día engañándome a mí mismo. Normalmente, cuando experimentamos y aceptamos plenamente nuestros sentimientos negativos, somos capaces de desprendernos de ellos; han jugado su papel y pueden abandonar su lugar principal».[8]

En líneas similares, el psicólogo Jon Kabat-Zinn apunta que «la aceptación del momento presente no tiene nada que ver con la resignación ante lo que está sucediendo. Simplemente, significa un reconocimiento claro de que lo que está ocurriendo, está ocurriendo».[9] De hecho, la aceptación es el primer paso que hay que dar para cambiar. Carl Rogers, fundador de la escuela de terapia centrada en el paciente, afirma que «la curiosa paradoja es que cuando me acepto tal como soy, puedo cambiar».[10] Por ejemplo, si soy demasiado sensible a las opiniones que los demás tienen de mí y quiero cambiar esa tendencia, condenarme cada vez que reacciono de forma exagerada difícilmente servirá de algo. Sin embargo, si me acepto a mí mismo, con mi sensibilidad y todo, será mucho más fácil que me vuelva más fuerte. Cuando acepto la emoción —cuando me acepto a mí mismo—, es cuando genero la mejor mentalidad y disposición para cambiar.

Cuando aceptamos nuestras emociones no quiere decir que nos gusten, sino que nos concedemos el permiso, el espacio y la libertad para sentir lo que sentimos. Aceptar las emociones tampoco significa que aceptemos los comportamientos que podrían derivarse de ellas. Puedo sentir envidia de mi hijo (una emoción) y, al mismo tiempo, ser amable con él (mi conducta); puedo sentir ansiedad antes de una clase y, aún así, elegir enseñar. Ésta es la esencia de la aceptación activa en oposición a la resignación pasiva.

ACEPTACIÓN ACTIVA

Cuando el director general de una compañía para la que había trabajado como consultor manifestó su interés por un seminario de liderazgo, pedí ayuda a un amigo, un experto en la materia y un excelente orador. Planeamos el curso juntos y compartimos nuestro material. Al observar a mi amigo interactuar con mi cliente, al ver lo cautivados que estaban los participantes con su elocuencia, empecé a arrepentirme de haberle pedido ayuda. Estaba celoso.

Estaba tan enfadado conmigo mismo por sentirme así que prácticamente no dormí durante tres noches. ¿Cómo podía sentir celos de mi amigo? ¿Cómo podía arrepentirme de haberle pedido ayuda cuando sabía que todos los implicados —los participantes y yo mismo— habíamos aprendido tanto de él? Finalmente, decidí explicarle cómo me sentía, en parte para confesarme y en parte para que me aconsejara. Me dijo que él, también, se había sentido celoso de mí cuando había presenciado mi intervención. Ese día, y durante mucho tiempo después, hablamos de nuestras experiencias respectivas de celos. El mero hecho de hablar de ello provocó que nos sintiéramos mejor y más cercanos. Nuestra conclusión, sin embargo, fue que los celos son algo natural y, en cierto modo, irremediables.

Ciertos sentimientos son inevitables. Nadie se puede escapar de la experiencia de sentir celos o miedo o ansiedad o rabia alguna vez. Lo que hay que preguntarse no es si experimentamos estos sentimientos o no

—todos lo hacemos—, sino qué decidimos hacer al respecto. Lo primero que tenemos que determinar es si rechazamos o aceptamos nuestra reacción emocional, si negamos o reconocemos que la tenemos. A continuación, hemos de establecer si actuamos a partir de nuestro impulso inicial (por ejemplo, dejar de colaborar con personas de las que estamos celosos) o si lo superamos (creamos tantas alianzas con personas de talento como podemos). La segunda decisión resulta mucho más fácil si, en un primer lugar, hemos decidido aceptar nuestros sentimientos; las emociones negativas se intensifican y pueden desbordarnos en mayor medida si intentamos suprimirlas.

Si nos negamos a aceptar que podemos estar celosos de un amigo, es muy probable que nos comportemos impropiamente con él y que racionalicemos nuestro comportamiento. Si no admitimos que no nos atrevemos a pedirle una cita a alguien que nos interesa, es muy posible que evitemos a esa persona y que nos convenzamos a nosotros mismos de que, en realidad, no nos gusta. Si hubiera negado que mis sentimientos hacia mi amigo estaban provocados por los celos, hubiera buscado una explicación alternativa a mi incomodidad y malestar hacia él. Somos criaturas que sentimos y razonamos, y cuando nos sentimos de cierta forma, tenemos la necesidad de encontrar una justificación a nuestros sentimientos. En lugar de enfrentarme al verdadero motivo de mi reacción emocional, en lugar de admitir sentimientos que no aprobaba, seguramente hubiera justificado mi malestar buscándole algún defecto. Para evitar pensar mal de nosotros mismos, muchas veces condenamos a aquellos con los que hemos actuado de forma incorrecta.

Ésta es otra posible consecuencia negativa de suprimir pensamientos o sentimientos no deseados. En su trabajo sobre la «proyección defensiva», el psicólogo Leonard Newman y sus colegas han demostrado que «cuando uno quiere evitar ver ciertos defectos de sí mismo, hace todo lo posible por ver estos mismos defectos en los demás».[11]

Estos pensamientos y sentimientos no deseados se vuelven «crónicamente accesibles» —del mismo modo que el oso blanco se vuelve crónicamente accesible cuando intentamos no pensar en él— y los vemos constantemente en nosotros (y en los demás), incluso cuando en realidad no están ahí.

Contaminamos nuestro entorno con nuestros pensamientos y sentimientos no reconocidos. Si hubiera negado mis celos hacia mi amigo, me hubiera resultado muy fácil culparle a él y a los demás de ser celoso. Al final del proceso que se habría iniciado con la supresión de mis sentimientos, habría salido perjudicado yo, mi amigo, nuestra relación y, posiblemente, los demás.

Cada vez que suprimimos una emoción negativa, nos resentimos; y también los que están a nuestro alrededor. Si, por ejemplo, en una relación romántica no reconocemos nuestra rabia, probablemente «proyectaremos» esa rabia hacia fuera —la veremos en nuestra pareja o en los demás, incluso si no está— y, sin darnos cuenta, acabaremos dañando la pareja y la relación. Si, en el trabajo, no actuamos con autenticidad —si no hablamos cuando sabemos que tendríamos que hacerlo o decimos cosas que no pensamos sólo con el objetivo de impresionar a los demás— y luego nos negamos a aceptar nuestro comportamiento, empezaremos a ver falta de autenticidad a nuestro alrededor y criticaremos injustamente a nuestros compañeros. Cuando aceptamos nuestros sentimientos (los que nos gustan y los que no), damos cabida a la posibilidad de actuar noblemente.

REFLEXIÓN ¿En qué momento de su vida ha tenido celos o envidia? Observe el sentimiento, acéptelo sin tratar de cambiarlo y luego comprométase a actitudes que considere nobles.

¿Cómo sería su vida si se negara a aceptar la ley de la gravedad? Para empezar, puede que no sobreviviera mucho tiempo si ignorase el hecho de que las cosas, no siendo la gente una excepción, se caen cuando están en el aire. Pero aun en el caso de que sobreviviera, imagine la frustración, los sentimientos de inadecuación que dominarían su experiencia diaria. Por lo tanto, aunque no nos guste la ley de la gravedad, hemos de aceptarla y aprender a vivir dentro de sus limitaciones.

Las emociones negativas forman tanta parte de la naturaleza humana como la ley de la gravedad de la naturaleza física, y sin embargo mucha gente acepta y abraza la última pero rechaza y niega las primeras. Para vivir una vida plena, saludable, tenemos que aceptar nuestras emociones del mismo modo que reconocemos otros fenómenos naturales. Si aceptamos la naturaleza física —la ley de la gravedad, por ejemplo— como un hecho, podemos diseñar máquinas que vuelan a grandes velocidades o crear juegos que corroboran la ley física (imagínese unas olimpíadas sin gravedad). De forma parecida, si admitimos la naturaleza humana —la existencia de emociones negativas, por ejemplo—, somos mucho más capaces de diseñar el tipo de vida que queremos para nosotros. ¿Se compraría un avión diseñado por un ingeniero que no aceptara las leyes de la naturaleza? ¿Por qué no aplicar los mismos criterios cuando se trata de la naturaleza humana? ¿Por qué conformarse con menos cuando está en juego nuestra felicidad?

MORALIDAD Y EMOCIONES

Cuando nos reprochamos sentirnos de cierta forma no estamos haciéndonos justicia. Una evaluación moral —juzgar si algo está bien o mal— presupone la existencia de alternativas. Pero si no hay alternativas, no se puede hacer una evaluación moral. Por ejemplo, puede que la ley de la gravedad no nos guste, pero la gravedad en sí misma no es ni buena ni mala, simplemente existe. De forma parecida, puede que no nos guste tener miedo, pero el sentimiento en sí no es ni bueno ni malo, simplemente está ahí. Sentir celos de mi amigo no me convierte en un mal amigo; pero si, por causa de mis celos, pongo en peligro el éxito de mi amigo, entonces sí que soy un mal amigo. Experimentar ansiedad al encontrarme con una persona con la que me gustaría mucho salir no dice nada de mi valor; evitar a alguien que me gusta mucho por miedo al rechazo, sí.

En una entrevista con Oprah Winfrey, Nelson Mandela puso de manifiesto el valor de la aceptación activa. Al describir sus sentimientos y los de los demás hacia el régimen del *apartheid*, dijo: «Nuestro corazón decía que la minoría blanca era el enemigo, que no había que hablar con ellos, pero nuestro cerebro decía que si no hablábamos con ellos, nuestro país ardería en llamas y durante muchos años estaría cubierto por ríos de sangre. Así que tuvimos que reconciliar este conflicto, y nuestra conversación con el enemigo fue el resultado del dominio del cerebro sobre la emoción».

Mandela reconoció abiertamente sus sentimientos. «Cuando pienso en el pasado, en las cosas que hicieron, siento rabia, pero de nuevo se trata de mi sentimiento. El cerebro siempre domina.» Mandela no pretendía que tuviéramos buenos sentimientos hacia los que lo habían tenido encarcelado durante veintisiete años y habían oprimido a millones de personas por el color de su piel. Los sentimientos de amargura, rabia y venganza estaban ahí, eran reales, y reconocer su realidad le ayudó a pensar y a actuar con la cabeza. Al decidir aceptar primero estas emociones y luego definir una actitud benevolente con los que lo habían oprimido, Mandela fue capaz de liderar Sudáfrica en su período de transformación más difícil y complejo.

Todos tenemos una imagen ideal de nosotros mismos, una construcción elaborada del tipo de persona que nos gustaría ser. Si bien no siempre es posible sentir como lo haría este ser creado por nuestra imaginación (sin miedo y siempre compasivo, por ejemplo), podemos actuar de acuerdo con sus ideales (valor, generosidad, etcétera).

La aceptación activa implica primero reconocer las cosas tal como son y luego actuar de la forma que consideremos apropiada y digna de nosotros. Implica reconocer que, en la vida, siempre se puede elegir —tener miedo y, aún así, actuar con valentía; tener celos y, aún así, actuar con benevolencia— aceptar ser humanos y actuar con humanidad.

REFLEXIÓN ¿Qué emociones negativas le resultan más difíciles de aceptar? Una vez aceptadas estas emociones, ¿cuál sería la forma más apropiada de actuar?

CRECIMIENTO EMOCIONAL

Es imposible describir el dolor que produce la pérdida de un ser querido. Normalmente el que llora dicha pérdida es incapaz de imaginar la vida sin el fallecido. De todos modos, el curso de los acontecimientos varía considerablemente entre los individuos. Unos no se recuperan nunca de la pérdida. Otros, tras un período de duelo, siguen adelante y son capaces de funcionar como antes, tanto por lo que respecta a sus emociones como a sus acciones. Por último, están los que experimentan lo que Lawrence Calhoun y Richard Tedeschi llaman un «crecimiento postraumático»: la pérdida los transforma profundamente, aprecian más la vida, sus relaciones mejoran y se vuelven más fuertes.[12]

Bonny murió el 19 de diciembre de 1997, dos semanas antes de cumplir treinta años. Su vuelo Silk Air 185 procedente de Jakarta se estrelló a las 17.00 horas —una hora antes de la hora estimada de llegada al Changi International Airport de Singapur, y dos horas antes de que supuestamente telefoneara a mi habitación de un hotel de Beach Road.

Cuando a las 19.15 horas todavía no había recibido noticias de Bonny, llamé al aeropuerto para preguntar si el vuelo llegaba con retraso.

Empecé a preocuparme cuando constaté que me iban transfiriendo de un operador a otro. Finalmente, la voz de una mujer rompió la cadena: «Si quiere más información sobre el vuelo, tendrá que venir al aeropuerto».

—¿Por qué? —pregunté.

—Si quiere más información —repitió la operadora—, tiene que venir al aeropuerto.

Volví a telefonear, y otro operador me dijo exactamente lo mismo.

—No puedo ir al aeropuerto —mentí—. Llamo desde Jakarta.

En un tono tajante y realista, anunció:

—Perdimos contacto con el avión hace dos horas. No tenemos más información.

Me desplomé, sintiéndome demasiado débil para aguantar. Y luego empecé a gritar. Nunca había gritado tanto.

El dolor, especialmente durante los ocho primeros meses, resultó insoportable. Fue tan fuerte que creí que nunca desaparecería. ¿Cómo se me iba a pasar cuando parecía más concreto —más real y permanente— que ninguna otra cosa en mi vida?

Y sin embargo, gradualmente, el dolor empezó a remitir, y poco a poco fui saliendo adelante. ¿Cómo ocurrió? ¿Cómo se produce la recuperación (o crecimiento) emocional y cómo es el proceso de recuperación? Podemos hacernos una idea del proceso de desarrollo emocional observando el proceso de desarrollo cognitivo.

La teoría del desequilibrio cognitivo explica el desarrollo mental utilizando los ladrillos como metáfora. Cada nueva pieza de información o conocimiento que obtenemos es un ladrillo adicional, que ponemos sobre otro ya existente. Con el tiempo, la estructura de ladrillos va creciendo hasta que se vuelve inestable. Se tambalea de un lado a otro, pierde estabilidad, equilibrio y, finalmente, se desmorona. Se produce el desequilibrio: la vieja construcción se colapsa, los ladrillos caen al suelo y los escombros se convierten en la base de una nueva estructura. Esta base es más ancha que la anterior y, por lo tanto, es capaz de soportar una estructura más alta.

A medida que seguimos avanzando, se van añadiendo ladrillos sobre la nueva base, ahora más ancha, hasta que esta estructura también se vuelve inestable. La estructura se derrumba de nuevo, volviéndose a formar una base más ancha, y así sucesivamente.

Ésta también es la naturaleza de las experiencias «¡eureka!» —los momentos reveladores en los que vemos algo muy claro—. Estos instantes suelen ser la culminación de un gran esfuerzo durante un período de tiempo prolongado. A medida que vamos sabiendo más, vamos añadiendo más ladrillos a nuestra construcción cognitiva. Eventualmente, la construcción cognitiva pierde el equilibrio, se colapsa, y luego vuelve a emerger sobre una base nueva, más fuerte, que es capaz de soportar una estructura más ancha y más alta. La experiencia eureka tiene lugar cuando la estructura de conocimiento existente se colapsa y los fragmentos de conocimiento se agrupan de forma diferente —como una nueva visión a partir de la cual podemos aprender y sobre la base de la cual podemos construir.

Un proceso similar ocurre a una escala mucho mayor con los campos del conocimiento humano. Según el filósofo científico Thomas Kuhn, en una disciplina científica se produce un cambio de modelo cuando el viejo paradigma deja de ser capaz de contener y explicar satisfactoriamente el nuevo conocimiento que ha acumulado.[13] Como una torre de ladrillos, el viejo sistema se desmorona y forma una nueva base, que luego se convierte en la génesis de un nuevo paradigma. El proceso se repite cuando el sistema recién creado se torna incapaz de contener la acumulación de conocimiento, y de nuevo se forma la base de un nuevo paradigma a partir de los escombros del anterior.

El modelo de desequilibrio se aplica tanto al ámbito de las emociones como al del pensamiento. Cada experiencia emocional es como un nuevo ladrillo que se coloca encima de la estructura emocional existente. Al cabo de un tiempo, la estructura resulta demasiado alta para su base, los ladrillos se colapsan y se produce el desequilibrio emocional. Se forma una nueva base, una base que es más ancha y más sólida y capaz de soportar más peso.

Volviendo a la metáfora de la tubería a través de la cual fluyen todas nuestras emociones, una base más ancha es paralela a una tubería más ancha, una tubería que tiene más capacidad para el flujo de emociones, que es capaz de manejar, sin problemas, mayores cantidades de sentimientos, tanto agradables como desagradables.

En *El profeta*, Khalil Gibran describe cómo cada vez que estamos tristes, aumenta nuestra capacidad de estar alegres:

> La alegría es la tristeza desenmascarada.
> Y el pozo del que brota nuestra risa es el mismo que colma nuestras lágrimas.
> ¿De qué otra forma podría ser?
> Cuanto más hondo cava el dolor en nuestro interior, más alegría puede contener.[14]

Tras la muerte de Bonny experimenté un desequilibrio emocional importante: me vine totalmente abajo y luego lentamente empecé a recuperarme. Las experiencias emocionales extremas pueden provocar un desequilibrio emocional acelerado y, posteriormente, un crecimiento postraumático.

El desequilibrio emocional no se produce únicamente como resultado de experiencias negativas. Cada vez que nos damos permiso para sentir, crecemos. Por eso las experiencias extremas —momentos de felicidad absoluta, de éxtasis, de alegría suprema— pueden transformarnos.[15] Por ejemplo, algunas mujeres dicen que la experiencia de dar a luz a sus hijos las cambia, que desde ese momento se vuelven más seguras de sí mismas, más felices, más tranquilas o generosas. Las experiencias estéticas, como leer una novela u observar detenidamente un cuadro, pueden ampliar nuestro conocimiento sensitivo del mundo y abrir nuestras compuertas emocionales. Las experiencias religiosas también pueden alterar nuestra forma de ver lo que nos rodea y llevarnos a una profundización espiritual que nunca habíamos conseguido antes. Es importante ser consciente, sin embargo, de que estas experiencias negativas y positivas extremas ofrecen una oportunidad de crecimiento; no lo inducen automáticamente.

Para aprovechar esta oportunidad, hemos de abrazar las emociones que suscitan estas experiencias.

Existen otros paralelismos entre crecimiento emocional y cognitivo. Ser dogmático implica ser estrecho de miras, aferrarse a la postura y las ideas de cada uno, sin considerar el punto de vista de los demás. El desequilibrio cognitivo —crecimiento intelectual, una experiencia reveladora, un cambio de paradigma— es menos probable que se produzca si somos dogmáticos, si no estamos dispuestos a abrirnos a diferentes modos de pensar y de ver el mundo. Luego está lo que podríamos llamar dogmatismo emocional, que consiste en cerrar el corazón, en no adoptar una actitud abierta ante la gran cantidad de emociones que generan las experiencias. Si somos emocionalmente dogmáticos, si no estamos dispuestos a dejarnos experimentar las emociones más fuertes, es poco probable que suframos un desequilibrio emocional.

El perfeccionista, rígido e inflexible, es un dogmático emocional; rechaza los sentimientos negativos en su constante lucha por mantener el flujo ininterrumpido de emociones positivas. El dogmatismo cognitivo (estrechez de miras) y el dogmatismo emocional (deshumanización) producen el mismo resultado: estancamiento.

DUELO SALUDABLE

En su trabajo sobre el duelo, Colin Murray Parkes explica que las viudas que no expresan sus emociones tras la muerte de sus maridos experimentan unos síntomas físicos y psicológicos más severos y más duraderos que las que se «desmoronan» tras la pérdida. En palabras de Marcel Proust: «Sólo podemos recuperarnos de un sufrimiento expresándolo plenamente». James Pennebaker habla de estudios que demuestran que «cuanto más habla una persona de la muerte de su pareja, menos problemas de salud tiene». Al cabo de un tiempo, si bien sigue experimentando dolor —y sigue aceptándolo— es capaz de seguir adelante con su vida.

El trabajo más extenso sobre el duelo corresponde al terapeuta William Worden, que sugirió que el proceso de duelo tiene cuatro fases: aceptar la realidad de la pérdida, esforzarse por superar el dolor provocado por la pérdida, adaptarse a la vida sin el fallecido y seguir adelante.[16] No pasar por las cuatro fases (ya sea secuencialmente o con cierto solapamiento) puede frustrar el proceso de curación y provocar complicaciones a largo plazo.

La primera fase tiene que ver con una de las respuestas comunes a la pérdida, que es la negación, bien oponiéndose a aceptar que la persona se ha ido o bien menospreciando el valor de la relación con la persona fallecida. Para una buena recuperación, es fundamental que el que experimenta la pérdida acepte la realidad: tanto el hecho de que el fallecido no volverá como la verdadera trascendencia de su relación con el mismo.

La segunda fase requiere hacer un esfuerzo para superar el dolor provocado por la pérdida. En lugar de controlar las emociones, aunar esfuerzos o aguantar, es mucho mejor superar las emociones, sentir el dolor cuando aparezca de forma natural y expresarlo con palabras y lágrimas. Los que experimentan una pérdida suelen distraer su dolor bien con la ayuda de amigos bien intencionados que los animan a dejar de llorar y a seguir adelante con su vida, o bien con la de médicos que les recetan medicación antidepresiva. Estas estrategias no hacen más que prolongar el proceso de duelo y el dolor. Los que «aguantan» no llegan a recuperarse nunca; en palabras de F. Scott Fitzgerald: «No se permiten el lujo de las lágrimas».

Esta fase puede llevar tiempo y requiere mucha paciencia. Ciertos procesos no se pueden acelerar y tienen que transcurrir a su ritmo natural.

En hebreo, la palabra que significa «paciencia» *(savlanut)* tiene la misma raíz que la palabra que significa «sufrimiento» *(sevel)*. En ocasiones, tener paciencia significa soportar el sufrimiento.

La tercera fase requiere ajustarse a la nueva realidad. Una pérdida puede significar asumir responsabilidades de la persona que ha muerto, formarse una nueva identidad (o una revisada que no incluye al fallecido) o iniciar nuevas relaciones para llenar el vacío provocado por la pérdida. Los ajustes no pueden (y no deben) realizarse inmediatamente después de la pérdida, aunque para que el proceso de recuperación se produzca, no es bueno dejar de hacerlos.

La última fase, seguir adelante, entraña cierta dificultad porque puede parecer una traición al fallecido y a los propios valores. ¿Cómo puedo seguir disfrutando de la vida si ella no puede? Si lo quería de verdad, ¿cómo puede cobrar significado la vida sin él? La clave está en buscar un sitio apropiado para el fallecido en el corazón y, al mismo tiempo, seguir adelante invirtiendo en relaciones significativas y actividades agradables.

Si consideramos las cuatro fases de Worden, vemos que conforman el proceso de aceptación activa. Las dos primeras fases son de aceptación: aceptación cognitiva en forma de aceptación intelectual de la pérdida, y aceptación emocional en forma de experimentación del dolor. La tercera y cuarta fases —ajustarse y seguir adelante— constituyen la parte activa de la ecuación.

El duelo no se limita únicamente a la muerte física de un ser querido. Se puede experimentar a raíz de la ruptura de una relación importante, del reciente traslado a otra ciudad de nuestro mejor amigo o de un despido laboral. Pasar por las cuatro fases del duelo de Worden puede ayudarnos a recuperarnos y a crecer tras la pérdida, independientemente de su naturaleza.

Cuando Ralph Waldo Emerson tenía veintisiete años, murió su querida esposa, Ellen. Más tarde, tras casarse por segunda vez y ser padre, perdió a su hijo de dos años. Emerson escribió un ensayo titulado *Compensación*, que es un testamento de su sentido de la vida y de su optimismo. Éste es el último párrafo del ensayo, que esencialmente habla del crecimiento postraumático, y que me dio esperanza cuando no tenía ninguna:

> Y sin embargo también la compensación de las calamidades resulta clara para el entendimiento después de largos intervalos de tiempo. La fiebre, la mutilación, un desengaño cruel, un revés de la fortuna, la pérdida de un amigo pueden parecer inútiles en el momento de

ocurrir e imposibles de superar. Pero es seguro que, con el paso de los años, se pondrá de manifiesto el profundo poder reparador que se oculta bajo los hechos. La muerte de un ser querido, de la esposa, del hermano, de la amante, que al principio sólo parece privación y sufrimiento, más tarde adopta el aspecto de un guía o genio benéfico. Tales acontecimientos suelen determinar una revolución en nuestra vida; cierran el período de la infancia o de la juventud que esperaba su fin; rompen la monotonía de una ocupación habitual; destruyen un hogar; ponen término a una manera de vivir y permiten la formación de otros hábitos más favorables al desenvolvimiento del carácter. Facilitan o dificultan la formación de nuevas relaciones y la recepción de nuevas influencias que resultarán de vital importancia en los años siguientes; y la mujer o el hombre que no habría sido sino una flor de jardín, sin espacio suficiente para extender sus raíces y con sus hojas expuestas a los rayos de un sol demasiado ardiente, se convierte por la caída de los muros y la negligencia del jardinero en el banano de la selva, que da frutos y sombra a toda la población humana.[17]

Hace más de diez años que Bonny murió. Ayer, fui a correr junto al Charles River. El otoño de Nueva Inglaterra, con su calidez y colorido, despertó mis sentidos. Sentí el mundo, y me pareció precioso. Fue maravilloso comprobar que esa existencia, que no hace mucho tiempo había estado desprovista de brillo y sentido, había recuperado todo su color y esperanza.

REFLEXIÓN ¿Cómo ha hecho frente a las pérdidas en el pasado, ya sea de un amigo, una relación o de algo importante para usted?

Agosto de 2008. David, mi hijo de cuatro años y yo estamos en la cola de un supermercado de Ramat Gan, Israel. Delante de nosotros, un soldado está poniendo su compra en el mostrador.

—¿Por qué es soldado? —pregunta David.

—Porque —respondo— a los dieciocho años tuvo que incorporarse al ejército.

David reflexionó un minuto, miró con admiración al soldado y luego anunció:

—Cuando sea mayor, quiero ser soldado.

El soldado pagó y se alejó con sus bolsas sonriendo a David, quien le devolvió la sonrisa.

David vio un juguete, una tortuga Ninja con gafas rojas, colgada junto a la caja.

—Papá, ¿me compras este muñeco?

—No, David. Ya tienes uno igual.

—Pero el mío está muy viejo. Quiero uno nuevo —dijo poco convencido.

—No —le respondí poco convencido.

David empezó a llorar. Había otro hombre pagando que empezó a mirar a David y, dirigiéndose a él, le advirtió:

—Los soldados no lloran.

David dejó de llorar. El desconocido se fue. David me miró, con los ojos todavía húmedos. Le acaricié el pelo con la mano.

—Puedes llorar si estás triste. Los soldados también lloran.

—Entonces, ¿por qué ha dicho ese hombre que los soldados no lloran? —preguntó.

—Se ha equivocado, cariño, igual que papá se equivoca a veces.

EJERCICIOS

Meditación atenta, concentrada

En las últimas décadas, se ha producido un aumento de la investigación que documenta los beneficios de la meditación atenta y concentrada para la salud física y mental. Este tipo de meditación implica ser plenamente consciente de lo que estamos haciendo y aceptar (en la medida de lo posible) el momento presente sin hacer ningún tipo de juicio o evaluación. Nos concentramos en el momento presente cuando nos focalizamos en el aquí y el ahora, experimentamos la experiencia y nos damos permiso para sentir todas las emociones que emergen, independientemente de que nos gusten o no. Según Jon Kabat-Zinn, uno de los practicantes y estudiosos más importantes de la medicina de la mente-cuerpo, «la atención o concentración [implica] la completa "apropiación" de cada momento de la experiencia, buena, mala o desagradable».[18]

La meditación atenta es la práctica de la aceptación. Del mismo modo que saber cómo mejorar tu revés en tenis en teoría te sirve hasta cierto punto –tienes que practicar los golpes para que te salgan realmente bien–, teorizar sobre la aceptación también tiene sus limitaciones.

Si bien la práctica de la meditación atenta en sí misma resulta sencilla, implementarla como práctica regular no lo es. Para que la meditación tenga un impacto significativo en la calidad de la vida, hay que meditar con regularidad, a ser posible cada día, durante un período de diez o veinte minutos por lo menos. No obstante, una sesión cada dos días (o incluso una vez a la semana) es, sin duda, mejor que nada.

La meditación tiene muchas variaciones, y asistir a una clase dirigida por un profesor con experiencia puede convertirse en una idea magnífica. Hasta entonces, sin embargo, le daré algunas instrucciones para que pueda empezar hoy mismo con una sesión sencilla.

Siéntese en el suelo o en una silla. Busque una postura que le resulte cómoda, a ser posible con la espalda y el cuello rectos. Si quiere puede cerrar los ojos, si eso le ayuda a relajarse y concentrarse.

Concéntrese en su respiración. Inspire suave, lenta y profundamente. Sienta cómo el aire realiza todo el recorrido hasta su estómago y luego exhale suave y lentamente. Note cómo se hincha su estómago cuando inspira y cómo se deshincha cuando exhala. En los próximos minutos, concéntrese en su estómago mientras realiza lentas y profundas inspiraciones y exhala suave y pausadamente. Si su mente piensa en otras cosas, haga que vuelva a concentrarse en las variaciones de su estómago de forma apacible y tranquila. No está tratando de cambiar nada. Simplemente está dejando hacer.

Experimentar la experiencia

Tara Bennett-Goleman, una terapeuta que aúna la psicología oriental y occidental, escribe: «La atención consciente significa ver las cosas como son, sin tratar de cambiarlas. Lo importante es disolver nuestras reacciones a las emociones negativas, no rechazar la propia emoción».[19]

Si nos concentramos en una emoción negativa, la aceptamos con el corazón y la mente abierta y dejamos que fluya a través de nosotros, podemos ayudar a disolverla, a hacer que desparezca. Por ejemplo, si se pone extremadamente nervioso ante una audiencia, imagínese subiendo al estrado; si hubiera perdido a alguien y el tiempo no hubiera curado el dolor, imagínese sentado junto al fallecido o diciéndole adiós. También puede provocarse ciertas emociones, desde inseguridad hasta tristeza, pensando en ellas sin imaginar una situación particular. Una vez que la emoción aparezca, experiméntela durante unos minutos, sin intentar cambiarla.

A lo largo del ejercicio, en la medida de lo posible, respire profunda y lentamente, como lo hizo durante la meditación atenta. Si su mente se desvía, vuelva a lo que estaba imaginando o experimentando y continúe con la respiración. Si se le saltan las lágrimas, déjelas fluir. Si una parte de su cuerpo en particular reacciona de cierta manera (se le forma un nudo en la garganta o su pulso se acelera) puede trasladar su atención a esa parte e imaginarse respirando a través de ella, sin tratar de cambiarlo.

Este ejercicio le permitirá darse permiso para sentir, para experimentar la experiencia en lugar de pensar en ella; le permitirá aceptar las emociones tal como son y vivir con ellas, en lugar de intentar comprenderlas y «resolverlas».

3

ACEPTAR EL ÉXITO

«Si lo que quiero es demostrar que soy "suficiente", el proyecto se puede prolongar hasta el infinito, porque la batalla ya estaba perdida el día en que admití que la cuestión era debatible.»

Nathaniel Branden

El mito griego de Sísifo trata de un hombre, el más astuto de los mortales, que fue castigado por su orgullo y su desobediencia. Sísifo fue condenado por los dioses a empujar una roca muy pesada hasta la cima de una montaña para luego ver cómo rodaba montaña abajo y a repetir este proceso hasta la eternidad.

Psicológicamente hablando, el perfeccionista es como Sísifo. Pero mientras que el castigo de Sísifo fue infligido por los dioses, el del perfeccionista es autoimpuesto. Ningún éxito o conquista, ninguna cumbre o destino, es suficiente para satisfacerlo. Cuando llega a la cima de una montaña, cuando consigue alguna forma de éxito, no lo disfruta, no lo saborea —para él, no es más que otro viaje sin importancia hacia un destino que inevitablemente lo decepciona.

La alternativa al arquetipo sisifiano la encontramos en Ulises, rey de Ítaca, que, según Homero, participó en la guerra de los griegos contra Troya.

Después de ganar la guerra, quiso volver a casa con su familia y con los suyos, pero Poseidón, el dios del mar, no le permitió realizar el viaje. Ulises luchó contra el Cíclope de un solo ojo, escapó del gigante antropófago Lestrigones y sobrevivió al canto de las sirenas. Fue el invitado de la encantadora Circe y, durante siete años, fue prisionero de la bella ninfa Calipso. Y al final de su largo viaje, que estuvo lleno de desesperanza y

Figura 3.1

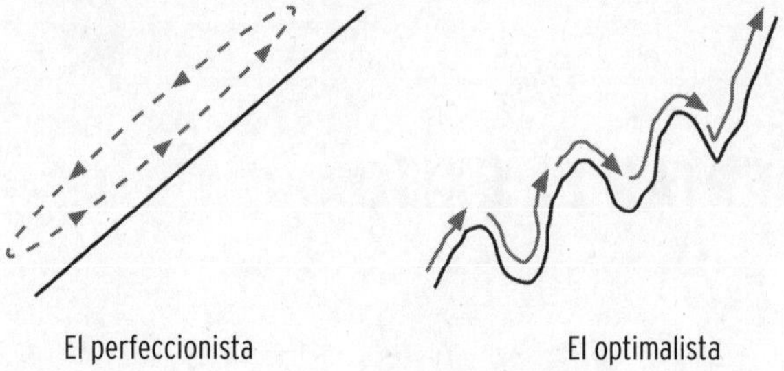

placer, de penas y glorias, por fin llegó a su casa y se reunió con su amada esposa, Penélope.

En términos psicológicos, Ulises es un optimalista. La vida está llena de luchas, dificultades y decepciones, pero el optimalista es capaz de encontrar placer en el viaje sin perder de vista su destino. Aprende de la adversidad y crece con ella, y si bien no pierde de vista su objetivo final (en el caso de Ulises, volver a casa), saborea sus aventuras y disfruta con ellas. Y cuando el optimalista es recompensado por sus esfuerzos, se siente satisfecho y agradecido —y no da su éxito por supuesto, ni minimiza sus éxitos como si fueran insignificantes.

La realidad que espera el perfeccionista (y que, por tanto, se crea para sí mismo) es la de una batalla sisifiana, de un esfuerzo fútil. Por el contrario, la vida del optimalista es una épica ulisiana, una aventura decisiva.

En su ensayo sobre el mito de Sísifo, Albert Camus trata de sacar a Sísifo —y con él a todos los que creen que sus vidas son fútiles y sus esfuerzos son inútiles— del atolladero. Camus describe a Sísifo como un héroe torturado, apasionado y absurdo. No obstante, acaba su ensayo con una nota optimista y, en cierta forma, romántica:

> «¡Dejo a Sísifo al pie de la montaña! Donde siempre vuelve a encontrar su carga. Pero Sísifo da muestras de la fidelidad superior que niega a los dioses y levanta las rocas. Él también concluye que todo está bien. Este universo por siempre sin amo no le parece ni estéril ni fútil. Cada átomo de esa roca, cada fragmento mineral de esa montaña llena de oscuridad, forma un mundo en sí mismo. El propio esfuerzo por alcanzar la cima es suficiente para llenar el corazón de un hombre. Hay que imaginarse a Sísifo feliz».[1]

Pero ¿puede alguien imaginarse a Sísifo realmente feliz? ¿Puede alguien —aparte de en los momentos literarios, poéticos como en los que sin duda se encontró Camus al escribir su ensayo— evocar las angustias de Sísifo como algo romántico y atractivo? Lo dudo. Sísifo no es un hombre feliz. Yo sugeriría más bien que la escritura de Camus describe a otro héroe griego: resulta mucho más fácil imaginarse a Ulises feliz.

Sísifo sufre un dolor exagerado durante todo su viaje; Ulises también lo pasa mal, pero tiene momentos de alegría y placer, de aprendizaje y crecimiento. Cuando Sísifo llega a la cumbre, es recibido por la pesadilla de su existencia; Ulises, al final de sus viajes, se reencuentra con el amor de su vida.

Alasdaire Clayre, el exitoso académico de Oxford que se suicidó a los cuarenta y ocho años, fue un perfeccionista consumado. A pesar de que mucha gente creía que Clayre era muy exitoso, él se consideraba un fracasado. Un perfeccionista, como Clayre, rechaza el éxito, lo elimina de su vida bien antes de alcanzarlo (marcándose unos objetivos demasiado ambiciosos), o bien después (siendo incapaz de apreciarlo). En otras palabras, el perfeccionista descarta el éxito desde un principio intentando subir una pendiente demasiado pronunciada o, una vez la ha coronado, empujando la roca por la pendiente. El optimalista, por el contrario, atrae el éxito a su vida, en primer lugar adoptando objetivos ambiciosos pero factibles (una montaña empinada y difícil pero viable) y, en segundo lugar, apreciando el éxito una vez conseguido (celebrando y saboreando la llegada). De estas dos condiciones —visión realista del éxito y apreciación del éxito— dependerá que la vida se convierta en la batalla de Sísifo o en una odisea excitante.

VISIÓN REALISTA DEL ÉXITO

Cuando era pequeño, lo que más me gustaba de la televisión era un programa de deportes que se llamaba, a raíz del eslogan de las olimpíadas, «Faster, Higher, Stronger». Cada martes por la noche, durante una hora, permanecía pegado a la pantalla, lamentando que el Manchester United hubiera ganado al Liverpool en la final de la FA Cup y celebrando la victoria de los Boston Celtics sobre los Phoenix Suns en la tercera prórroga, admirando la actuación sobrehumana de Daley Thompson en el decatlón y el perfecto diez de Nadia Comaneci en las paralelas. Al igual que mis héroes de la pantalla en blanco y negro, yo también quería correr más rápido, saltar más alto y ser más fuerte.

El deseo de mejorar forma parte de la naturaleza humana y es de gran utilidad, ya que se convierte en el responsable del progreso personal y de la sociedad. Llevado al extremo, sin embargo, puede causar más perjuicio que beneficio. El psicólogo Nathaniel Branden habla del síndrome del «nada es suficiente»: la incapacidad de muchos de estar satisfechos con lo que tenemos o con quienes somos.

Diane Ackerman describe el síndrome del siguiente modo: «¿Por qué estamos tan obsesionados con mejorar todo lo que nos rodea: el césped, la carpintería de aluminio, nuestras oportunidades, nosotros mismos? Independientemente de nuestro talento, físico o buena suerte, nos sentimos inadecuados y deseosos de tener algún genio o atractivo, o energía o serenidad extra».[2] Nuestra insatisfacción permanente nos condena al sinsabor constante, ya que, como humanos, siempre podemos mejorar, e incluso un diez sólo se convierte en una satisfacción temporal hasta la próxima competición.

Como jugador de *squash* y, más tarde, como universitario, me sentía obligado a vivir conforme a un estándar de perfección que me había marcado a mí mismo. Y si bien objetivamente todo parecía genial —académicamente, en la pista de *squash* y socialmente—, la realidad era que estaba siempre estresado, insatisfecho y frustrado. Mis éxitos académicos y de otro tipo no me proporcionaban la satisfacción que anhelaba, porque cuando obtenía buenos resultados, la sensación de satisfacción era efímera e inmediatamente volvía a poner la mirada en el próximo objetivo, en la próxima cumbre. Nada era nunca suficiente.

Pero ¿quiere decir esto que el deseo de triunfar siempre tiene que producir dolor? ¿Deberíamos dejar de intentar mejorar y conformarnos con lo que somos? Según William James, padre de la psicología norteamericana, la autoestima es el ratio entre el éxito y las aspiraciones, entre lo bien que hacemos las cosas y lo que tenemos intención de hacer.[3]

$$\text{Autoestima} = \frac{\text{Éxito}}{\text{Aspiraciones}}$$

En otras palabras, si aspiro a ganar la medalla de oro olímpica y acabo llevándome a casa la de plata, mi autoestima caerá. Pero si a lo único que aspiro es a participar en las olimpíadas y acabo ganando la medalla de bronce, mi autoestima aumentará.

Por lo tanto, según la ecuación de James, si abandonamos nuestro deseo de mejorar (en otras palabras, si mantenemos nuestras aspiraciones a un nivel modesto), contamos con más probabilidades de crear sentimientos positivos hacia nosotros. Por el contrario, si somos ambiciosos, si aumentamos constantemente las expectativas que tenemos de nosotros, estamos condenados a tener una autoestima baja y sentimientos negativos. Si bien el propio James no rebajó sus estándares —una de las causas a las que atribuyó su propia infelicidad—, su teoría sugiere que deberíamos abandonar nuestro deseo de mejorar, al menos en cierta medida.

Pero la ecuación de James sólo es parcialmente correcta. Aunque, en ocasiones, un descenso del listón puede contribuir a nuestro bienestar, no podemos simplemente decidir rebajarlo indefinidamente y esperar sentirnos mejor como resultado. De hecho, las bajas aspiraciones constituyen una receta tan segura para la infelicidad como las expectativas irrealmente altas. Si nuestras aspiraciones son elevadas de forma ficticia y rehusamos aceptar nuestras limitaciones, acabamos sintiéndonos infelices; si nuestras aspiraciones son irrealmente bajas y nos negamos a reconocer nuestro potencial, no sólo estaremos comprometiendo nuestro éxito, sino también nuestra felicidad. Abraham Maslow dice: «Si planeas deliberadamente ser menos de lo que eres capaz de ser, corres el riesgo de ser infeliz durante el resto de tu vida». ¿Cómo podemos saber si hemos de rebajar nuestras expectativas, cuándo y en qué medida? Y ¿cómo podemos saber cuándo debemos elevarlas? La respuesta es que tenemos que guiarnos por la realidad.

En su investigación sobre el flujo, el psicólogo Mihály Csíkszentmihályi demuestra que para obtener una experiencia y un rendimiento máximos —de felicidad y de éxito— tenemos que dedicarnos a actividades que no sean ni demasiado fáciles ni demasiado difíciles. Si son demasiado fáciles, nos aburren; si nuestras aspiraciones resultan demasiado ambiciosas, aumenta nuestra ansiedad.[4] Edwin Locke y Gary Latham, considerados los investigadores más importantes en el área de la definición de objetivos, resumen treinta y cinco años de evidencia empírica en su campo de la siguiente manera: «Los objetivos más ambiciosos o más difíciles producían los niveles de esfuerzo y rendimiento más altos [...] El rendimiento se estabilizaba o disminuía cuando se alcanzaban los límites de la habilidad o cuando se rompía el compromiso con un objetivo muy ambicioso».[5] Por lo tanto, si bien puede ser bueno presionarse para conseguir objetivos más ambiciosos, existe un punto por encima del cual la presión puede tener un efecto negativo. Tenemos que aceptar que nuestros límites son reales.

En su libro *Empresas que sobresalen*, Jim Collins cuenta la historia del almirante James Stockdale, el prisionero de guerra norteamericano más importante de la guerra de Vietnam.[6] Famoso por su carácter inquebrantable y por su dureza, Stockdale describió las dos características definitorias de los prisioneros norteamericanos con más probabilidades de sobrevivir a las brutales condiciones de una prisión vietnamita: que aceptaban abiertamente la realidad de su situación, en lugar de ignorarla o desestimarla, y que nunca dejaron de creer que algún día saldrían de allí. En otras palabras, si bien no huían de la realidad y aceptaban las brutales verdades de su condición, nunca perdieron la esperanza de que al final todo acabaría saliendo bien. Por el contrario, las probabilidades de supervivencia de aquellos que creían que nunca saldrían de allí y de aquellos que creían que serían liberados en un período irrealmente breve de tiempo disminuían considerablemente.

Encontrar un equilibrio entre las montañas altas y las expectativas ambiciosas por un lado y la cruda realidad por otro supone una parte fundamental de una definición de objetivos adecuada generalmente hablando. El perfeccionista tiene expectativas de sí mismo y se marca objetivos que no puede cumplir; el optimalista se marca objetivos ambiciosos que son difíciles pero factibles. Aunque no existe una técnica para identificar qué objetivos son realistas y capaces de inspirarnos, el psicólogo Richard Hackman sugiere que «la medida adecuada para tener una motivación máxima se encuentra en donde tengas un 50 por ciento de probabilidad de éxito».[7]

REFLEXIÓN Piense en alguno de sus objetivos y, si es necesario, modifíquelo para que sea factible y al mismo tiempo ambicioso. Piense en por lo menos un nuevo objetivo que le requerirá mucho esfuerzo pero que, al mismo tiempo, sea realista.

UNA VIDA ACEPTABLE O BASTANTE BUENA

Al principio, el hombre abandonaba la vivienda por la mañana para ir a trabajar y volvía por la noche, mientras que la mujer se quedaba en casa y cuidaba del hogar, de los niños y del esposo. Luego vino la segunda guerra mundial, y el hombre se fue a Europa o al Pacífico. La mujer se vio obligada a apoyar el esfuerzo de la contienda trabajando en las fábricas, temporalmente, hasta que el hombre volviera. La mujer probó el mundo del hombre —comió del fruto prohibido— y quiso más.

No sólo la mujer se dio cuenta de que le gustaba trabajar fuera de casa, sino que el hombre también aceptó —algunos a regañadientes, otros encantados— que la mujer trabajara. El mundo cambió, pero algunas cosas permanecieron igual. Según dice Alice D. Domar en su libro *Be happy without being perfect*: «Aunque las mujeres trabajaban fuera de casa, se seguía esperando mucho de su papel en el entorno familiar. Habían avanzado mucho, cariño, pero seguían teniendo que servir la comida, cuidar de sus hijos, hacer la colada, limpiar la casa, acordarse de enviar tarjetas de felicitación a los familiares y tener a sus maridos sexualmente satisfechos. Esencialmente, la sociedad dijo a las mujeres que, por supuesto, podían tenerlo todo, pero que, si iban a hacerlo todo, más valía que lo hicieran bien».[8]

Actualmente, aunque en general las mujeres siguen ocupándose mucho más de las tareas del hogar que los hombres, no son las únicas que tienen que hacerlo todo y hacerlo bien.

Cada vez existen más hombres a los que les piden, y a los que les exigen —y sí, algunas veces lo hacen con gusto— que colaboren más en casa y que se impliquen en mayor medida en la educación de los hijos.

Apareció un nuevo orden mundial, un orden en el que tanto hombres como mujeres tenían más privilegios y más responsabilidades. Lamentablemente, sin embargo, la revolución feminista, con todos sus logros significativos, no fue capaz de ralentizar la velocidad de rotación de la tierra ni de alargar nuestros días más de veinticuatro horas. Por lo tanto, mientras que las demandas de nuestro tiempo se incrementaron de forma significativa, no se produjo el aumento de tiempo correspondiente ni la debida rebaja de las expectativas. De hecho, ocurrió justo lo contrario, ya que se suponía que tanto los hombres como las mujeres tenían que trabajar más horas que en los años cincuenta y sesenta. Y el mensaje que muchos hombres y algunas mujeres seguían recibiendo de su entorno era que no sólo eran capaces de hacerlo, sino que podían y tenían que hacerlo todo. Como dice Domar: «Durante la década de los noventa y en adelante, los medios siguieron describiendo la felicidad completa en todas las facetas de la vida como un objetivo alcanzable».

Hombres y mujeres fueron oficialmente desterrados del paraíso. En su nuevo mundo —un entorno más equitativo y justo, pero también más exigente—, ¿pueden ser felices los hombres y las mujeres? La solución, para muchos, parece residir en conseguir lo que se ha venido a llamar «equilibrio entre la vida personal y la laboral». Pero ¿cómo debería ser realmente este equilibrio entre lo personal y lo laboral? Teniendo en cuenta las limitaciones reales de nuestras vidas en el siglo XXI, ¿cuál sería la forma óptima de equilibrar todos nuestros compromisos, todo lo que tenemos que hacer y todo lo que nos gustaría hacer?

Cuando tenía veinte años, el apasionado perfeccionista que había en mí creía que podía tenerlo todo. Dedicaba muchas horas a mi trabajo, tenía una reducida vida social y estaba bastante contento con mi desequilibrio vida profesional-personal. Pero entonces me casé y tuve hijos, y mis prioridades, naturalmente, cambiaron. Empecé a no tener tiempo para nada.

Cada vez me sentía más frustrado, en casa y en el trabajo. Siempre quería más éxitos y más experiencia y, por mucho que trabajaba, por mucho tiempo que dedicaba a mi familia, sentía que no era suficiente. No daba a mis hijos toda la atención que quería, mi mujer y yo no salíamos tanto como nos hubiera gustado, no sacaba adelante todo el trabajo que hubiera querido, pasaba muy pocos momentos con mis amigos y el tiempo que dedicaba a hacer yoga y ejercicio estaba muy lejos de mi ideal.

Pensando detenidamente en mi situación, identifiqué cinco áreas de mi vida que tenía que mejorar: como padre, como pareja, como profesional, como amigo y en el área de mi salud personal. Estos cinco aspectos no incluían todo lo que me interesaba en la vida, pero eran los que más me importaban, las áreas a las que quería dedicar la mayor parte de mi tiempo.

Tratando de encontrar una solución, busqué modelos en cada una de ellas. Y si bien encontré a diversas personas que hacían algunas de estas cosas bien, no encontré a ninguna que pudiera ser mi modelo en las cinco áreas, ni siquiera en la mayoría de ellas. Un directivo de una de las organizaciones para las que había realizado labores de consultoría era muy bueno en su trabajo, pero su vida familiar estaba hecha un completo desastre. Uno de mis amigos era un magnífico padre y excelente profesional, pero dedicaba muy poco tiempo a su pareja y desatendía totalmente su salud. Una pareja que conocía eran empresarios de éxito que parecían invertir mucho en ellos, pero no tenían ni deseaban hijos. Una ex compañera de clase se pasaba noventa minutos en el gimnasio seis veces por semana, pero, tras dar a luz a su primer hijo, había decidido no volver a trabajar.

Estas personas y otras habían tomado sus decisiones, y algunas estaban satisfechas con el resultado. Pero yo no estaba dispuesto a renunciar a mi compromiso de padre, de tener una relación, una carrera, amigos y salud. ¿Qué podía hacer?

Me pregunté si en el mundo moderno la decisión más importante que tenía que tomar una persona se resumía básicamente en renunciar a una o dos áreas de su vida o condenarse a estar frustrado en todas sus áreas. ¿Existía tal vez una tercera posibilidad?

Sí, existía: se trataba de la opción del optimalista. Ahora que la he descubierto, estoy mucho más satisfecho con mi vida en general. Para llegar hasta aquí tuve que realizar bastantes reajustes y organizar mi tiempo y mis expectativas desde una nueva perspectiva. Antes que nada, tuve que aceptar la realidad de que no podía tenerlo todo. Si bien parece obvio que no puedes trabajar catorce horas al día, estar sano y en forma y ser un padre y un marido devoto, en mi mundo de fantasía perfeccionista, no había nada imposible.

A continuación, pensé cuál sería la distribución del tiempo conveniente para cada una de mis cinco áreas prioritarias. En un mundo perfecto, realizaría noventa minutos de yoga seis veces por semana y pasaría una cantidad de tiempo similar en el gimnasio; en el mundo real, una hora de yoga dos veces a la semana y correr durante treinta minutos tres veces a la semana era bastante aceptable. De forma parecida, salir con mi mujer una vez a la semana, quedar con los amigos una vez por semana y pasar el resto de las noches en casa con mi mujer y mis hijos estaba muy lejos de mi ideal perfeccionista, pero podía funcionar (tenía que hacerlo). Ésta era, por lo que podía ver, la solución óptima —lo mejor que podía hacer teniendo en cuenta las distintas exigencias y limitaciones de mi vida.

Fue un gran alivio adoptar esta nueva filosofía de lo «bastante bueno» o «aceptable». Una vez revisadas mis expectativas, una nueva sensación de satisfacción reemplazó la vieja frustración. Y, sorprendentemente, descubrí que me sentía mucho más enérgico y centrado.

Al intentar hacerlo todo, parte de la frustración que sentía se debía a mi incapacidad de concentrarme en una sola actividad al mismo tiempo. Por ejemplo, intentaba devolver las llamadas o los correos electrónicos de trabajo cuando los niños estaban en casa porque tenía la impresión de que en la oficina no hacía bastante. Cuando estaba trabajando, pasaba mucho rato al teléfono hablando con mi mujer porque nos habían quedado conversaciones pendientes, que en casa se habían visto interrumpidas. Intentaba, con muy poco éxito, leer mientras hacía bicicleta y mi mente se desviaba constantemente hacia mis hijos cada vez que intentaba relajarme en la colchoneta de yoga.

Era una especie de «polígamo». Como me sentía insatisfecho en todas las áreas, intenté superarlo dedicándome a más de una actividad al mismo tiempo. Al pasar de una fantasía perfeccionista a una existencia óptima, aceptable, sin darme cuenta al principio, me convertí en «monógamo en serie» —dedicándome a cada una de las diferentes actividades exclusiva y separadamente—. Cuando estaba con mis hijos, sólo estaba con ellos, y desconectaba el ordenador y el teléfono; mis amigos recibían toda mi atención cuando quedábamos; el rato que mi mujer y yo salíamos se convertía preferentemente en nuestro tiempo para compartir y querernos; en el trabajo, cuando escribía, desconectaba el teléfono y el correo electrónico (como ahora) y me concentraba exclusivamente en la tarea que tenía entre manos; y cuando hacía deporte, era mucho más capaz de disfrutar de la unidad meditativa de la mente y el cuerpo. Pasé de ser un polígamo insatisfecho a ser un monógamo en serie mucho más satisfecho.

La fórmula del «bastante bueno» no es fija. El concepto de lo que es bastante bueno o aceptable varía entre las personas. Distintas personas se interesan por cosas diferentes, y cada una tiene que tomarse el tiempo necesario para identificar las áreas más importantes. Para una persona, el trabajo y los amigos pueden ser los aspectos prioritarios, mientras que para otra, la familia y viajar pueden ocupar los primeros puestos de la lista. El concepto de lo que es bastante bueno también varía con el tiempo —por lo que requiere la fluidez y la aceptación del cambio, marcas características del optimalista—. Por ejemplo, a medida que sus hijos vayan haciéndose mayores y más independientes, seguramente no estarán tanto en casa y podrá reorganizar parte del tiempo que pasaba con ellos. Puede que algunas veces su trabajo le exija trabajar más horas. Un ser querido puede necesitar su ayuda, y puede decidir pasar más tiempo con él a expensas de otras actividades. La idea fundamental que está detrás de esta filosofía es que se deben aceptar las limitaciones de la vida y descubrir la asignación óptima —o casi óptima— de recursos y esfuerzos.

En este momento, en mi caso, las cosas distan mucho de ser perfectas, y de vez en cuando me gustaría disponer de más tiempo para una actividad u otra. A veces tengo que ponerme al día del correo por la noche, cuando el resto de la familia se ha ido a dormir y yo estoy exhausto. De vez en cuando, paso unos días sin hacer ejercicio físico. Las cosas no son perfectas; pero están bastante bien.

REFLEXIÓN ¿Qué áreas de su vida son más importantes para usted?

Pero ¿es «lo bastante bueno» realmente aceptable? Cuando descubrí esta filosofía, estaba ansioso por compartirla con mis alumnos del seminario de liderazgo. Creía que este marco de referencia podría contribuir a resolver el problema del equilibrio vida personal-laboral sobre el que habíamos estado debatiendo. Pero la acogida que tuvo la idea entre los estudiantes —particularmente entre los chicos— no fue la que me esperaba. Desde su punto de vista, suponía un compromiso global.

Parte de su reacción, creo, tenía que ver con su edad y con el momento en que se encontraban. A los veinte años, la mayoría no había experimentado realmente las obligaciones propias de mantener una familia o de una carrera profesional, y ya no digamos de ambas simultáneamente. Aparte de eso, sin embargo, mucha gente de todas las edades y niveles de experiencia asocia la filosofía de lo bastante bueno a «hacer lo mínimo imprescindible». Mis alumnos eran extremadamente ambiciosos y aplicados y, en el pasado, nunca se habían limitado a lo mínimo imprescindible en nada de lo que habían hecho.

De hecho, sin embargo, la filosofía de lo bastante bueno favorece un rendimiento máximo —el nivel de rendimiento óptimo de cada uno—. El enfoque limitado del perfeccionista, intentando alcanzar la perfección en todas las áreas de la vida, conduce inevitablemente al compromiso y a la frustración: si consideramos las limitaciones reales de tiempo, es imposible hacerlo todo. En su libro *Just enough,* Laura Nash y Howard Stevenson afirman que «no se pueden maximizar dos cosas si son incompatibles, por la propia definición de maximizar».[9] El tiempo es un recurso limitado e, irremediablemente, cuando hay que decidir cómo se va a gestionar, se debe renunciar a cosas. No obstante, si bien no podemos maximizarlo todo, sí podemos optimalizarlo. A diferencia de la visión estrecha de la realidad del perfeccionista, que trata de maximizar el tiempo que dedica a cada área de la vida ignorando la inevitabilidad de las incompatibilidades, el optimalista busca una solución aceptable, que consiste en optimizar los diferentes componentes del sistema. La filosofía de lo aceptable renuncia a las expectativas irreales de la perfección y en su lugar opta por la mejor vida posible.

En mi caso, seguir el consejo de optar por lo aceptable no significa que no pueda hacerlo mejor —puedo y quiero—. Lo que significa, sin embargo, es que si quiero ser realista, tengo que aceptar una vida óptimamente equilibrada. Mis valores no se han visto modificados con el cambio de perspectiva. Mi familia es lo más importante y en mi vida profesional no soy menos ambicioso que cuando tenía veinte años. La única diferencia es que he cogido un camino que no había tomado antes —y aplicar la fórmula de lo bastante bueno ha hecho que todo cambiara.

APRECIAR EL ÉXITO

A muchos perfeccionistas les resulta muy difícil apreciar y disfrutar de su éxito. Algunos lo descartan marcándose expectativas irrealmente altas y poco probables que se cumplan. Otros lo niegan rechazándolo cuando lo tienen, no estando nunca satisfechos con sus logros. Como he dicho anteriormente, el antídoto para combatir unas expectativas irreales es fundamentar el éxito —tener estándares de éxito realistas— y, en ocasiones, conformarse con lo bastante bueno. El antídoto para no desestimar el éxito no estando nunca satisfecho con él es aprender a aceptarlo y a apreciarlo.

Hay legiones de perfeccionistas que, a pesar de tener dinero, salud, y de ser guapos y famosos, son infelices. El hecho de que la riqueza, el prestigio y otras medidas de éxito tengan poco que ver con los niveles de bienestar apunta a una verdad simple, concretamente a que la felicidad depende mucho más del estado de ánimo que del estado de la cuenta bancaria. Una vez satisfechas las necesidades básicas —necesidades como comida, vivienda y educación—, el nivel de bienestar dependerá de aquello en lo que decidamos concentrarnos y de la interpretación que hagamos de los acontecimientos externos. ¿Vemos el fracaso como algo catastrófico o como una oportunidad de aprendizaje? ¿Consideramos que el vaso está medio lleno o medio vacío? ¿Apreciamos lo que tenemos y lo disfrutamos o lo damos por supuesto y no lo valoramos?

En su trabajo sobre la resiliencia, Karen Reivich y Andrew Shatte hablan de la noción de la visión en túnel, que consiste en concentrarse en una pequeña parte de la realidad y, básicamente, ignorar el resto.[10] Por ejemplo, si en mi clase hay veinte alumnos y uno de ellos se duerme, concentrar toda mi atención exclusivamente en el que se ha dormido excluyendo a todos los demás es tener una visión en túnel. Si, por el contrario, son diecinueve los que se duermen y uno solo el que escucha, concluir que mi clase ha sido un éxito porque un estudiante ha estado intelectualmente involucrado también es una forma de visión en túnel.

Tanto si lleva a una conclusión negativa como positiva, la visión en túnel implica una desconexión de la realidad. Generalmente, los perfeccionistas acaban teniendo una visión en túnel negativa: niegan lo bueno que hay en sus vidas otorgándole un papel fundamental a lo malo.

Alice Domar habla de los pacientes que, de puertas afuera, parecen tenerlo todo y, sin embargo, son incapaces de disfrutar de nada —o de casi nada— por su perfeccionismo. La visión en túnel negativa del perfeccionista lo lleva a desestimar sus éxitos, a darlos por sentado y a reanudar una y otra vez la ardua tarea de empujar la siguiente roca por la próxima pendiente empinada. El optimalista, sin embargo, aprecia la vida en general, en sí misma, con sus éxitos e incluso sus fracasos, que percibe como oportunidades de aprendizaje y crecimiento. En consecuencia, no sólo disfruta de lo que tiene, sino que además genera más éxito, más situaciones y experiencias positivas.

La palabra «apreciar» tiene dos significados: «estar agradecido», lo opuesto a dar algo por supuesto, y «aumentar en valor» (como se aprecia el dinero en el banco). Combinados, estos dos significados apuntan a una verdad que ha sido demostrada repetidamente en la búsqueda de gratitud: cuando apreciamos lo bueno que tenemos, lo bueno aumenta y tenemos más de ello. Lo contrario, lamentablemente, también es cierto: cuando no somos capaces de apreciar lo bueno —cuando damos por supuesto lo bueno que tenemos—, lo bueno se deprecia y disminuye.[11]

REFLEXIÓN ¿Qué puede apreciar en este momento? Haga una lista de las cosas por las que está agradecido.

Los psicólogos Robert Emmons y Michael McCullough realizaron una serie de estudios en los que los participantes debían escribir, durante varios días, al menos cinco cosas más o menos importantes, por las que estaban agradecidos.[12]

Las listas resultantes incluían desde sus padres hasta The Rolling Stones, desde despertarse por la mañana hasta Dios. Dedicar un par de minutos al día a expresar gratitud por la vida de cada uno acabó teniendo consecuencias muy importantes. En comparación con el grupo de control, este grupo no sólo se volvió mucho más agradecido con la vida en general, sino que además disfrutó de niveles de bienestar y de emociones positivas más elevadas: se sentían más felices, más seguros de sí mismos, y con mayores niveles de energía y optimismo. Además se volvieron más generosos y más dispuestos a ayudar al prójimo. Por último, también empezaron a dormir mejor, a hacer más ejercicio y a experimentar menos síntomas de enfermedades físicas.

Empecé a practicar este ejercicio el 19 de septiembre de 1999 (tres años antes que Emmons y McCullough publicaran sus conclusiones), cuando, en uno de sus programas, Oprah instó a los telespectadores a realizarlo —¡y yo también lo hice!—. Cuando mi hijo cumplió tres años, empezamos a hacer una variación de este ejercicio juntos. Cada noche, yo le preguntaba: «¿Qué te ha gustado más del día de hoy?», y luego él me formulaba la misma pregunta. Mi mujer y yo nos recordamos a menudo que estamos agradecidos por tenernos el uno al otro y por nuestra relación. Estoy seguro de que este ejercicio me ha ayudado a pasar de ser un perfeccionista, que da lo bueno por sentado, a ser un optimalista, que lo aprecia. Cuando adquirimos el hábito de la gratitud, ya no necesitamos un acontecimiento especial que nos haga felices. Nos damos mucha más cuenta de las cosas buenas que nos suceden durante el día, ya que anticipamos que las incluiremos en nuestra lista. No hace falta decir que algunos elementos de la lista se repiten. En mi caso, Dios y la familia aparecen cada día en la lista, aparte de al menos cinco cosas más (normalmente más), más o menos importantes.

Uno de los problemas de este ejercicio es que hay que procurar mantener la frescura —evitar caer en la trampa de que se convierta en una rutina sin sentido—. Nosotros lo practicamos para no dar las cosas buenas que tenemos por supuestas, pero cuando se lleva un tiempo haciéndolo, el propio ejercicio puede darse por supuesto, lo cual, evidentemente anularía su propósito.

Hay una serie de medidas que se pueden tomar para contrarrestar el impacto, potencialmente entumecedor, de la repetición. Por ejemplo, se puede hacer una vez a la semana, en lugar de cada día, tal como sugiere Sonja Lyumbomirsky.[13] De todos modos, convertirlo en un hábito semanal tiene un inconveniente: habrá menos probabilidades de que la práctica de la gratitud se convierta en una rutina habitual. Se puede sacar lo mejor de ambas cosas —practicarlo a diario y mantener la frescura— realizando un esfuerzo consciente por diversificar la lista o sus elementos. Por ejemplo, un día podría concentrarme en la sonrisa de mi hija Shirelle y otro, en una palabra nueva que ha aprendido. La práctica también puede variarse en otros sentidos, como compartir la lista con nuestra pareja de vez en cuando o hacer un dibujo de las cosas por las que estamos agradecidos.

Visualizar los elementos de la lista puede ayudar. El psicólogo cognitivo Stephen Kosslyn manifiesta que «los niños se fían más de las imágenes que pasan por su cabeza que los mayores [...]. Los niños tienden a utilizar más las imágenes que la representación descriptiva en sus pensamientos».[14] Kosslyn especula que esta confianza en las imágenes produce la «frescura infantil», más probable de advertir entre los jóvenes. Escribir «familia» y luego visualizar a mi mujer, a mis hijos, a mis padres y a mis hermanos me ayuda a mantener la frescura a pesar de que he expresado gratitud por su presencia miles de veces antes. Podemos utilizar nuestra imaginación de otras formas, como al intentar volver a experimentar la emoción de un momento anterior en el que comimos un manjar delicioso. Saboreamos, o volvemos a saborear, eso por lo que estamos agradecidos —puede ser una comida, nuestro hijo, una canción o la lluvia.

En términos generales, lo importante a la hora de expresar gratitud es hacerlo de forma consciente, atenta.

Según Ellen Langer, mi asesora y mentora de disertación, mantenemos un estado de atención y conciencia plena «apreciando nuevos matices en la situación y en el entorno» y no quedándonos atrapados en «categorías previamente construidas».[15] Esencialmente, practicar un estado de atención y conciencia plena implica asumir la flexibilidad cognitiva y conductual del optimalista, mientras que no practicarlo comporta permanecer atrapado en la mentalidad rígida del perfeccionista. Por ejemplo, tenemos un estado de atención y conciencia plena cuando pensamos en un uso original para un objeto familiar o cuando advertimos una nueva expresión en un rostro familiar. De forma parecida, si cuando escribimos las cosas por las que estamos agradecidos tratamos de mirarlas desde una nueva perspectiva, buscando nuevos detalles o variaciones, estaremos presentes en la experiencia.

Existen numerosas investigaciones que demuestran que la práctica de la conciencia plena, tal como Langer sugiere —apreciando nuevos matices—, realza la felicidad, la creatividad, la autoaceptación, el éxito y la salud. Cuando practicamos el ejercicio de la gratitud de forma atenta y consciente —cuando dedicamos el tiempo y el esfuerzo necesarios para saborear lo bueno de nuestras vidas— nos beneficiamos en dos sentidos: en primer lugar, nos volvemos más apreciativos, y lo bueno de nuestras vidas se revaloriza; en segundo lugar, nos beneficiamos del ejercicio de concienciación plena, que en sí mismo es valioso.

REFLEXIÓN Mire a su alrededor. ¿Hay algo que no había apreciado antes? ¿Cómo podría ver las cosas de forma diferente? ¿Puede encontrar algún aspecto que no había advertido? ¿Hay alguna otra perspectiva a partir de la cual podría ver estas cosas?

Expresar gratitud hacia los demás —hacia los padres, profesores, amigos, alumnos— resulta una de las herramientas más efectivas para aumentar nuestros niveles de bienestar, y los de los demás. Martin Seligman introdujo el ejercicio de la visita de gratitud en su clase de psicología positiva, donde pidió a sus alumnos que escribieran una carta de agradecimiento a una persona que les hubiera ayudado de una forma u otra, y que luego fueran a visitar a esa persona y le leyeran la carta personalmente. El efecto de este ejercicio, según manifestaron Seligman y sus alumnos, y confirmado posteriormente por la investigación subsiguiente, es remarcable —en términos del beneficio que aportó al que escribió la carta, al que la recibió y a la relación.[16]

He hecho ejercicios similares en mis clases y algunas veces he estado a punto de llorar al leerlos. Un padre había abrazado a su hijo por primera vez en más de una década, una amistad que aparentemente había muerto años atrás había sido recuperada, un viejo entrenador había salido de una reunión con un aspecto mucho más joven que el que había tenido en años. El poder de la gratitud es inmenso.

Una carta de agradecimiento es más que una nota para dar las gracias. Obliga a tomarse el tiempo necesario para pensar lo que esa persona significa para nosotros, y de qué formas ha contribuido a nuestra vida. Si bien existen muchas formas de expresar gratitud, el efecto de la visita de agradecimiento es único. En primer lugar, el mero hecho de escribir la carta (tanto si se llega a enviar alguna vez como si no) contribuye al bienestar del que la escribe. En segundo lugar, el tiempo y esfuerzo que el autor ha invertido en escribir la carta hace que el receptor se sienta valorado. En tercer lugar, la visita en sí misma aporta un toque personal y puede intensificar la experiencia. Por último, la existencia de una carta física supone que el receptor podrá releerla y volverla a experimentar; en este sentido, un solo hecho tiene efectos muy duraderos.

Una carta de gratitud recuerda al receptor su éxito, ya sea como profesor, como amigo, padre, entrenador o jefe. Las emociones asociadas a la entrega o la recepción de esta carta suelen ser tan positivas y tan intensas como las emociones que experimentamos tras nuestros mayores éxitos.

Como resultado, nuestra idea del éxito se expande para incluir logros que previamente habríamos dado por supuestos y habríamos desestimado.

Un profesor puede considerar que su trabajo diario es ordinario y poco estimulante; una carta de gratitud de un alumno puede inspirarle y ayudarle a darse cuenta de lo importante que ha sido su trabajo y del éxito que realmente ha conseguido.

Una carta de agradecimiento impulsa los niveles de bienestar, pero, para el que la escribe, este impulso suele ser temporal. Para que las cartas y las visitas de agradecimiento tengan un efecto más duradero, éstas deben convertirse en un hábito. Escribir una carta a la semana, cada dos semanas o incluso una al mes puede hacer mucho bien.

REFLEXIÓN Piense en una persona a la que aprecia. ¿Qué valora exactamente en esa persona? ¿Por qué le está agradecida?

Estar agradecidos por lo que tenemos y no dar nuestros logros por supuestos aportará más éxito a nuestras vidas. Si hubiera más gente que expresara gratitud —hacia sus padres, compañeros, parejas, profesores y amigos—, la bondad del mundo aumentaría. Como dijo Cicerón: «La gratitud no sólo es la mayor de las virtudes, sino que es la madre de todas las virtudes».

EJERCICIOS

Bastante bien o aceptable

Elabore una lista de las áreas más importantes de su vida. Puede utilizar categorías como profesional, familia, amor, amigos, salud, viajes, aficiones, arte u otras. Primero anote bajo cada categoría qué desearía conseguir idealmente y el tiempo que idealmente le gustaría dedicarle. Luego, para cada categoría distinga entre la parte a la que puede renunciar y la parte que es ineludible. Escriba las actividades indispensables debajo de su lista de aceptable. Por ejemplo, debajo del trabajo, su ideal podría ser ochenta horas a la semana. Teniendo en cuenta sus limitaciones y deseos, puede que ese ideal no sea realista. Bastante bien o aceptable podría ser trabajar cincuenta horas a la semana. Ideal en la categoría de amistad podría ser quedar con los amigos cada tarde después del trabajo; bastante bien o aceptable podría ser verse un par de tardes a la semana. En un mundo perfecto, jugaría al golf quince veces al mes; tres veces al mes, sin embargo, podría considerarse aceptable.

Categoría	Ideal (perfecto)	Bastante bien o aceptable (óptimo)
Trabajo	Semanas de ochenta horas	Semanas de cincuenta horas
Amigos	Quedar todos los días	Quedar un par de veces por semana
Golf	Jugar de vez en cuando	Jugar tres veces al mes

Una vez que haya introducido estos cambios, repase la lista de vez en cuando. ¿Está intentando hacer demasiado? ¿Demasiado poco? ¿Qué ha cambiado? ¿Le está haciendo infeliz alguno de los compromisos que ha contraído en alguna área? ¿Podría hacer un poco más en una área y tal vez un poco menos en otra? No existen fórmulas fáciles para conseguir un equilibrio óptimo. Además, nuestros deseos y necesidades se modifican con el tiempo, a medida que vamos cambiando nosotros y nuestras situaciones. Hay que estar muy atento a las necesidades y los deseos internos, así como a las limitaciones externas.

Visita de gratitud

Escriba una carta a una persona que aprecie, expresándole su gratitud. Haga referencia a situaciones y experiencias concretas, a aspectos por los que está agradecido. Escribir la carta, en sí, ya resulta beneficioso, pero si además se envía o, mejor aún, se entrega en persona, su valor aumenta.

Escriba el nombre de al menos cinco personas que aprecia y comprométase a escribirles y enviarles cartas de agradecimiento en fechas concretas.

4

ACEPTAR LA REALIDAD

«Dos y dos son cuatro. La naturaleza no te pide opinión. No le interesan tus preferencias ni si apruebas sus leyes. Tienes que aceptar la naturaleza tal como es con todas las consecuencias que ello implica.»

Fiódor Dostoievski

Este capítulo trata de la filosofía del perfeccionismo y, más concretamente, de la metafísica, la rama de la filosofía que estudia la naturaleza de la realidad. La metafísica es importante para el estudio del perfeccionismo porque, en el trasfondo de muchas de las características del perfeccionista, se encuentra el rechazo a la realidad, ya sea en forma de fracaso, de emociones negativas o de éxito.

Podemos trazar las raíces intelectuales del perfeccionismo hasta Platón, el padre de la filosofía occidental. Aristóteles, alumno de Platón, se desvinculó de su maestro y abrazó el realismo, convirtiéndose en el padre del optimalismo de facto. La diferencia entre la filosofía platónica y la aristotélica queda recogida en la obra de Rafael *La escuela de Atenas*, en la que Platón apunta al cielo y Aristóteles a la tierra. Si bien se ha escrito mucho sobre sus distintos enfoques de la filosofía, me gustaría centrarme en sus enfoques de la psicología, concretamente en lo que hace referencia al perfeccionismo.

Platón, el perfeccionista, apunta a la morada de los dioses, a lo sobrenatural, a lo perfecto. Aristóteles, el optimalista, señala a este mundo, a lo natural, lo real.

Según Platón, los pilares fundamentales de la realidad son formas —arquetipos perfectos, modelos ideales— de las que surgen objetos particulares. Sostiene que, aunque creamos que vivimos en el mundo real,

Platón, el perfeccionista (izquierda), y Aristóteles, el optimalista (derecha).

en verdad no es así; somos cavernícolas que estamos de espaldas a la entrada de la cueva, condenados e incapaces de darnos la vuelta o irnos. El mundo real, el mundo de las formas perfectas, existe fuera de la cueva, donde arde el fuego que proyecta las sombras de las formas en la pared de la cueva para que las veamos. Trasladado a la vida moderna, podemos decir que nos pasamos la vida en un cine, tan implicados y absortos en el drama de la gran pantalla que somos totalmente ajenos a nuestra situación real. Cada objeto que percibimos en nuestro mundo ilusorio es una proyección de la forma perfecta que existe en el mundo real: los caballos que vemos son meras proyecciones imperfectas del caballo perfecto, las personas que vemos a nuestro alrededor no son reales, sino imitaciones imperfectas del humano perfecto. Según Platón, es posible conocer la realidad, pero únicamente a través de la contemplación filosófica que no está afectada por nuestras experiencias, nuestras emociones o lo que nos dicen nuestros sentidos, equivocadamente en su opinión, acerca del mundo.

A diferencia de Platón, la visión de la realidad de Aristóteles no está reñida con la experiencia que tenemos del mundo. Mientras que para Platón existen dos mundos (el mundo perfecto de las formas y el mundo imperfecto que percibimos), para Aristóteles hay un solo mundo, una sola realidad, que es el mundo que percibimos a través de los sentidos. Las percepciones sensoriales proporcionan experiencias, a partir de las cuales generamos formas, tanto imágenes mentales como palabras. La imagen mental que tenemos de un caballo responde a nuestra experiencia directa o indirecta de los caballos. Sabemos lo que significa la palabra «humano» por nuestra experiencia directa o indirecta con los humanos.

Para Platón, las formas son primarias, en el sentido que el mundo que nos rodea se deriva de ellas. Como sólo podemos conocer estas formas a través de la razón pura que es independiente de la experiencia, el pensamiento precede a la experiencia. Para Aristóteles, las formas son secundarias, en el sentido de que se derivan del mundo que nos rodea. Como sólo podemos conocer estas formas basándonos en nuestra experiencia, la experiencia precede al pensamiento.

Las implicaciones psicológicas de estas dos filosofías tan diferentes son significativas. Para Platón, las experiencias son meras proyecciones de lo que él considera realidad, y se interponen en el camino del conocimiento de la verdad (el mundo de las formas). En consecuencia, si la experiencia contradice una idea, se debe rechazar la experiencia. Por ejemplo, nuestra experiencia —que incluye nuestra observación de las experiencias de los demás— podría enseñarnos que el fracaso es necesario para el éxito. Pero si nuestra idea platónica del camino al éxito —al éxito en su forma perfecta— es la de un camino recto y sin obstáculos, deberíamos rechazar nuestra experiencia y aceptar nuestra idea. Así es como los perfeccionistas se forman su visión del mundo.

Para Aristóteles, la experiencia del mundo resulta fundamental para conocer la verdad. Por lo tanto, si la experiencia contradice una idea concreta, habría que rechazar la idea y no la experiencia. Por ejemplo, si vemos que el único camino hacia el éxito es el de la prueba y el error repetido, tendríamos que rechazar la idea —tanto si es nuestra como de otra persona— de que el camino hacia el éxito puede estar libre de fracasos. Así es como los optimalistas se forman su visión del mundo.

Decir «Me niego a estar triste» o «No aceptaré el fracaso» es platónico, un intento de rechazar la realidad dando prioridad a la idea de cómo creemos que tendríamos que ser. Decir «No me gusta estar triste, pero acepto esta emoción como natural» o «No me gusta fracasar, pero acepto el hecho de que cierto fracaso es inevitable» es aristotélico: reconoce la primacía de la realidad que experimentamos y observamos. Diane Ackerman escribe sobre el impacto de Platón en el perfeccionismo: «Cuando Platón escribió que todo lo que había en la Tierra tenía su versión ideal en el cielo, muchos se lo tomaron al pie de la letra. Pero para mí, la importancia de las formas ideales de Platón reside no en su verdad, sino en nuestro deseo de perfección». El deseo de perfección nos condena a la insatisfacción perpetua con nuestro ser: «Incluso el más atractivo de nosotros se siente como el eterno patito feo que aspira a convertirse en cisne».[1]

REFLEXIÓN ¿Qué atractivo posee la filosofía platónica? ¿Por qué ha tenido tanta influencia en el curso de la historia? ¿Qué atractivo tienen las ideas de Aristóteles? ¿Por qué han sido tan influyentes?

LA VISIÓN LIMITADA

El trabajo realizado por Thomas Sowell en la Hoover Institution de la Universidad de Stanford puede ayudarnos a entender la importancia de la perspectiva platónica y aristotélica. El trabajo de Sowell se centra principalmente en la ciencia política, pero tiene implicaciones para la psicología en general y para nuestro conocimiento del perfeccionismo y del optimalismo en particular.

Sowell afirma que, básicamente, todos los conflictos políticos pueden reducirse a un desacuerdo entre dos visiones distintas de la naturaleza humana: la visión limitada y la visión no limitada.[2] Los que se inclinan por la visión limitada creen que la naturaleza humana es inmutable: que no cambia, y que no se debe prodigar tiempo y energía en intentar modificarla. Modas, tecnología, paisaje y cultura pueden cambiar, pero la naturaleza humana es una constante. Los fallos humanos son inevitables y lo mejor que podemos hacer es aceptar nuestra naturaleza, sus limitaciones, su imperfección —y luego optimizar el resultado basándonos en lo que tenemos—. Como no podemos cambiar nuestra naturaleza, tenemos que crear instituciones sociales que la canalicen en las direcciones adecuadas.

En contraste, los que se inclinan por la visión ilimitada creen que la naturaleza humana se puede cambiar y mejorar: existen soluciones para todos los problemas, y no hay que comprometerse con las imperfecciones o resignarse a ellas. El papel de las instituciones sociales es crear sistemas capaces de modificar las especies en la dirección adecuada. Por lo tanto, algunas veces se debe trabajar en contra de la propia naturaleza, conquistarla.

Sowell escribe: «En la visión ilimitada, la naturaleza humana es una variable en sí misma, de hecho una variable fundamental que hay que cambiar».

En general, todo el mundo tiene buenas intenciones pero, debido a una interpretación fundamentalmente diferente de la naturaleza humana, prescriben sistemas políticos muy diferentes. Los que creen en una visión limitada de la humanidad suelen ser capitalistas, mientras que los que mantienen la visión ilimitada tienden a apoyar diversas formas de utopías, incluido el comunismo.

El sistema capitalista intenta canalizar el interés de cada individuo hacia el bien común, y no realiza ningún intento serio por cambiar el interés personal o la naturaleza humana. Adam Smith, el filósofo escocés cuya visión limitada dio origen a la economía del mercado libre, manifestó: «No es gracias a la benevolencia del carnicero, el cervecero o el panadero, que esperamos tener nuestra comida, sino gracias a su propio interés. Apelamos a nosotros mismos, no a su humanidad, sino a su egoísmo, y nunca les hablamos de nuestras necesidades, sino de sus ventajas».

En el otro lado de la división filosófica está el comunismo, que se inspiró en la visión ilimitada de la humanidad. El comunismo desafió la naturaleza humana y no intentó canalizarla, sino cambiarla. El egoísmo de la «nueva persona soviética» dará paso al altruismo; el ser humano irá en contra de sus instintos básicos, se situará por encima de sus inclinaciones naturales; la naturaleza humana será reemplazada por la naturaleza sobrehumana. Leon Trotsky, uno de los líderes de la revolución bolchevique, escribió a principios de los años veinte sobre la importancia de cambiar la naturaleza del hombre: «Una vez más, la especie humana, el *Homo sapiens* coagulado, entrará en un estado de transformación radical y, en sus propias manos, se convertirá en objeto de los más complicados métodos de selección artificial y formación psicofísica...». El hombre se marcará el objetivo de dominar sus propios sentimientos, elevar sus instintos a la altura de la conciencia, hacerlos transparentes, dirigir su voluntad hacia las tinieblas del subconsciente, y de este modo se situará en un nuevo plano más alto, creando un tipo biológico social más evolucionado, o si lo prefieren, un superhombre.

Son palabras inspiradoras, y ayudan a comprender por qué tanta gente puede verse seducida por la visión comunista de un ser humano mejor y de una sociedad ideal. Pero estas ideas e ideales son desarraigados e ilusorios, y han provocado la muerte, el asesinato y el sufrimiento de millones de personas en todo el mundo.

El psicólogo Steven Pinker ha cuestionado «la negación moderna de la naturaleza humana», la idea de que nacemos sin nada (como hojas en blanco) y de que todo lo que somos lo adquirimos de nuestras experiencias, nuestra cultura y nuestro entorno. Uno de los atractivos de la teoría de la hoja en blanco es que nuestra naturaleza se puede moldear; en otras palabras, que puede llegar a ser perfecta:

> Creer en la perfectibilidad, a pesar de su connotación optimista y edificante, tiene varios inconvenientes. Uno de ellos es la invitación a la ingeniería social totalitarista. Los dictadores pueden pensar: «Si las personas son hojas en blanco, más vale que controlemos lo que se escribe en ellas, en lugar de dejarlo al azar». Algunos de los peores autócratas del siglo xx reconocieron explícitamente que creían en la hipótesis de la hoja en blanco. Mao Tse-Tung, por ejemplo, lo resumió en la famosa frase: «La mayor parte de los poemas más bonitos se escriben en una hoja en blanco». Los Jemeres Rojos tenía un eslogan: «Sólo el recién nacido no tiene manchas.[3]

Adam Smith y otros partidarios del capitalismo eran aristotélicos; creían que la naturaleza humana existía realmente y que el gobierno tenía que construirse en torno a esa realidad.

Los comunistas se adherían a la perspectiva platónica. Imaginaron una forma de sociedad ideal, y su objetivo era modelar el mundo exterior imperfecto para que reflejara la forma ideal. Como los escultores, intentaron eliminar los aspectos de la naturaleza humana que no encajaban con el ideal utópico. Platón y los que creen en una humanidad ilimitada tienen una visión de cómo tendría que ser la naturaleza y tratan de alcanzar esa perfección, rechazando la naturaleza real; Aristóteles y los que creen en una humanidad limitada aceptan la naturaleza humana tal como es e intentan hacer el mejor uso posible, óptimo de la misma.

Claramente, la visión de la naturaleza humana que suscribimos tiene implicaciones políticas y sociales. Pero sus implicaciones a nivel individual no son menos significativas. Un perfeccionista suscribe, implícita o explícitamente, la visión ilimitada de la naturaleza humana. Su rechazo a aceptar emociones negativas supone una negación de su propia naturaleza; es creer que la naturaleza humana se puede modificar, mejorar, perfeccionar. Si bien el ideal utópico del comunismo era erradicar el instinto egoísta y reemplazarlo por el altruismo, el ideal utópico del perfeccionista es erradicar las emociones negativas, eliminar el fracaso y alcanzar niveles de éxito irreales.

El optimalista reconoce y acepta que la naturaleza humana tiene ciertas limitaciones. Todos tenemos nuestros instintos, inclinaciones, una naturaleza que algunos dirían que es innata y otros, que ha ido evolucionando a lo largo de millones de años. En cualquier caso, esa naturaleza no va a cambiar —al menos, no en la vida de una persona— y si queremos sacarle el máximo partido, tenemos que aceptarla tal como es. Teniendo en cuenta las limitaciones de la realidad, el optimalista hace todo lo posible por crear no la vida perfecta, sino la mejor vida posible.

La visión ilimitada es tan perjudicial a nivel individual como político y social. Si bien el optimalismo no es la panacea para curar todas nuestras enfermedades psicológicas, la calidad de vida de la que disfruta el optimalista es mucho mejor que la del perfeccionista.

La idea de que se puede disfrutar de un éxito ilimitado o vivir sin dolor emocional ni fracaso puede convertirse en un ideal inspirador, pero no es un principio sobre la base del cual se puede vivir la vida, ya que, a la larga, producirá insatisfacción e infelicidad.

LA LEY DE IDENTIDAD

Tal vez la contribución más importante de Aristóteles a la filosofía y la psicología —parte de la visión mundial limitada que propuso— sea el principio de no contradicción: una cosa no puede ser y no ser al mismo tiempo. Por ejemplo, un «caballo» no puede ser su contradicción, un «no caballo»; una persona no es una «no persona». Según Aristóteles, el principio de no contradicción es axiomático y obvio y no es necesario probarlo: «Es imposible que un objeto pueda pertenecer y no pertenecer al mismo objeto al mismo tiempo y en el mismo sentido».

Al principio de no contradicción de Aristóteles, le sigue, lógicamente, el principio de identidad, que sostiene que una cosa es idéntica a sí misma: una persona es una persona, una emoción es una emoción, un gato es un gato, un número es un número. El principio de identidad es la base de la lógica y las matemáticas y, por extensión, de una filosofía coherente y significativa. Aristóteles nos dice que sin los principios de no contradicción e identidad sería «absolutamente imposible demostrar nada: el proceso se prolongaría indefinidamente, y el resultado sería que no se podría demostrar nada de nada». Ni siquiera podríamos estar de acuerdo con el significado de una palabra si no aceptáramos que una cosa es idéntica a sí misma. Incluso la palabra «palabra» o la palabra «aceptar» serían sonidos sin ningún significado si no estuvieran limitados por su identidad. Gracias a que implícitamente aceptamos el principio de identidad, podemos comunicarnos y (normalmente) entendernos.

El principio de identidad implica reconocer que una cosa es lo que es, con todas las implicaciones de ser lo que es. En otras palabras, algunas cosas son lo que son a pesar de lo que a una persona —o a todo el mundo— le gustaría que fueran. En una ocasión, Abraham Lincoln preguntó medio en broma: «¿Cuántas patas tiene un perro si llamas pata a la cola?». ¿Su respuesta? Cuatro, porque «llamar pata a la cola no la convierte en pata». El principio de identidad puede parecer obvio, pero influye mucho en la forma de vivir la vida. Todos, no sólo los filósofos, hemos de aceptar las implicaciones de este principio: no reconocer —y no actuar sobre la base de ese reconocimiento— que una cosa es idéntica a sí misma, puede tener consecuencias nefastas. Si, por ejemplo, una persona trata un camión como algo que no es un camión —como una flor, por ejemplo—, corre el riesgo de que la atropellen; de forma parecida, si trata el veneno como si fuera comida, seguramente morirá.

Cuando decimos que una cosa tiene una identidad, estamos diciendo que es de una naturaleza específica. Un camión, por ejemplo, es sólido, duro, tiene una determinada masa...; el veneno posee una composición química concreta, actúa de una forma determinada cuando entra en el flujo sanguíneo. Vivir de acuerdo con la ley de la identidad y la ley de la no contradicción no es una opción, es una necesidad.

No resulta extraño que los filósofos o los políticos desarrollen sistemas políticos o éticos que no tengan en consideración el principio de identidad. Negarse a aceptar que un ser humano es un ser humano y, al mismo tiempo, prescribir códigos de conducta para la sociedad es como cruzar la calle negándose a reconocer la naturaleza de un camión —y, en el caso de la ética o la política, las consecuencias son igual de graves, pero a una escala mucho mayor.

Si bien a la mayoría le resulta fácil respetar el principio de identidad cuando se trata de objetos físicos como camiones o veneno, a muchos nos resulta difícil respetarla cuando se trata de nuestros sentimientos, especialmente si son indeseables, porque ponen en peligro la idea que tenemos de nosotros mismos. Si bien para mí es importante verme como una persona valiente, puedo negarme a aceptar que algunas veces tengo miedo; si bien me considero una persona generosa, a veces me resulta difícil aceptar sentimientos de envidia. Pero si quiero gozar de una buena salud psicológica, antes que nada debo aceptar que me siento como me siento. Tengo que respetar la realidad.

El psicólogo Nathaniel Branden considera que este respeto a la realidad constituye la base de la salud mental.[4] La autoaceptación —admitir la realidad de mis emociones, mis fracasos o mis éxitos— implica aceptar el principio de identidad y aplicarlo a la psicología humana. En palabras de Branden: «La aceptación de uno mismo es, de una forma muy simple, realismo. Es afirmar que lo que es, es; que lo que siento, lo siento; que lo que pienso, lo pienso; que lo que he hecho, hecho está». Y del mismo modo que el principio de identidad es la base de cualquier filosofía coherente y lógica, la autoaceptación resulta fundamental para una psicología sana y feliz.

REFLEXIÓN Piense en alguna experiencia que haya tenido usted u otra persona en la que no haya respetado la realidad y haya ignorado, de una forma u otra, el principio de identidad. ¿Cuál fue el resultado?

LA EMOCIÓN ES LA EMOCIÓN

En el caso de los niños, violar el principio de identidad cuando hay emociones en juego puede engendrar perfeccionismo, aun con las prácticas de educación infantil mejor intencionadas. Cuando el padre de un niño que está enfadado le dice: «No puedes estar enfadado por esta tontería, ¿no crees?», está cuestionando el sentimiento del niño, animándolo a negar la realidad de su enfado. Lo que el niño entiende es: «Tu enfado no es un enfado». Cuando un niño le espeta a su hermano un «Te odio» y el padre responde: «En verdad no odias a tu hermano, en realidad lo quieres, ¿no?», el padre está negando la existencia de una emoción que existe. De hecho está diciendo: «En realidad tu emoción no es una emoción» —que una cosa no es en sí misma.

El trabajo más importante sobre la comunicación con los niños corresponde al psicólogo Haim Ginott, quien, en su libro *Entre padres e hijos,* escribe: «Mucha gente ha sido educada sin saber qué son los sentimientos. Cuando odiaba, le decían que sólo era desaprobación. Cuando tenía miedo, le decían que no había nada que temer. Cuando tenía dolor, le decían que tenía que ser fuerte y sonreír».[5] Ginott sostiene que hay que decirles la verdad a los niños —que el odio es odio, que el miedo es miedo, que el dolor es dolor—. El papel de los padres, dice Ginott, es hacer de espejo de los sentimientos de sus hijos, mostrarles su realidad emocional, devolverles la imagen de sus emociones y hacérselas visibles, sin distorsión o análisis: «Un niño descubre su aspecto físico viendo su imagen en un espejo. Descubre su aspecto emocional oyendo sus sentimientos reflejados por nosotros» Del mismo modo que un espejo no nos sermonea, sino que simplemente nos muestra las cosas tal como son, un padre no debe sermonear a un hijo con una tormenta emocional. Normalmente, basta con un «Veo que estás triste por lo que acaba de pasar» o «Tengo la impresión de que estás muy enfadado», para disipar la tristeza o la rabia.

La primera vez que leí el libro de Ginott estaba en la universidad, más tarde lo volví a leer cuando fui padre y realmente necesité su consejo. No deja de sorprenderme nunca lo bien que funciona su método, lo rápido que se puede dar la vuelta a las cosas cuando el niño siente que comprenden sus sentimientos. Esta mañana, por ejemplo, David estaba muy enfadado por la careta de Superman que le compramos ayer.

—¡Me va muy grande y la odio! —decía—. Se me cae todo el rato. ¡La odio!

Quería hacer que se sintiera mejor. También quería aprovechar la oportunidad para enseñarle que las reacciones tienen que ser proporcionales al problema. Le pregunté:

—¿No crees que exageras un poco?

Su respuesta llegó más de prisa que la velocidad del propio Superman. Con un volumen considerable, exclamó algo en un idioma que parecía encriptado y empezó a golpear el sofá con la careta. Mi método, claramente, no estaba funcionando.

Afortunadamente, Ginott, el superpsicólogo, acudió al rescate y cambié de táctica.

—Te da rabia, ¿no?, que la careta que tanto te gusta te vaya grande...

David hizo una pausa, me miró y dijo:

—Sí.

Continué con mi nueva estrategia:

—Te hacía tanta ilusión llevártela a la guardería, y ahora resulta que te va grande. ¡Qué fastidio!

—Sí, me hacía mucha ilusión ponérmela hoy.

Y luego, casi de forma instantánea, su actitud cambió totalmente. Con una sonrisa en el rostro, empezó a dar vueltas de puntillas por la habitación.

— Papá, mira, ando como un dinosaurio.

La crisis había pasado.

Ahora bien, ¿considero que una careta de Superman demasiado grande es un problema tan grave como, por ejemplo, el hecho de que algunas personas no tengan dinero para comprarse ropa? Por supuesto que no, y mi reacción inicial ha sido asegurarme de que David lo entendía. Al mismo tiempo, ¿considero que las emociones de David son importantes y quiero que piense que lo son? Absolutamente, y esto es lo que Ginott me hizo recordar: cuando un niño experimenta emociones muy fuertes, no es capaz de escuchar a nadie. No puede aceptar consejos, consuelo o críticas constructivas. Quiere que lo entendamos. Ginott continúa: «Las emociones fuertes de un niño no desaparecen cuando le decimos que "no está bien sentirse así" o cuando el padre intenta convencerlo de que "no tiene ningún motivo para sentirse así"».

Los sentimientos intensos no se desvanecen prohibiéndolos; disminuyen en intensidad y pierden su agudeza cuando el interlocutor los acepta con empatía y comprensión. Esta afirmación es cierta no sólo en el caso de los niños, sino también en el de los adultos.

Si las emociones se desbocan cuando interactuamos con los hijos, la pareja o con otras personas (incluidos nosotros mismos), reconocer los sentimientos que están presentes suele ser lo mejor que se puede hacer. Esto puede suponer contener el deseo inmediato de ayudar, de sermonear, de dar lecciones o consejos. A pesar de mis buenas intenciones, si hubiera ignorado las emociones de David, habría estado condenado al fracaso: David no habría aprendido nada de mi sermón y los dos nos habríamos sentido insatisfechos con nuestra interacción emocional. Sin embargo, la teoría de Ginott me ayudó a llegar a un resultado que ha sido beneficioso para ambos: David aprendió que sus emociones son importantes, yo le demostré que lo entendía, y los dos nos hemos sentido mejor. Y por lo que respecta a las lecciones de proporcionalidad y gratitud, aprovecharé otra oportunidad de enseñárselas, cuando no esté tan enfadado.

Claramente, la aceptación sincera de nuestros sentimientos o de los sentimientos de los demás no lo resuelve todo. Muchas veces hay que dedicar una cantidad de tiempo y esfuerzo considerable a la resolución de los problemas más graves. No obstante, la aceptación es un primer paso importante que tiene implicaciones a corto y a largo plazo. Aparte de rebajar la intensidad de la propia emoción, algo que, sorprendentemente, puede ocurrir casi de forma instantánea, la consecuencia a largo plazo de reflejar las emociones es que enseña a respetar el principio de identidad, la realidad.

REFLEXIÓN Piense en alguna ocasión en que usted u otras personas hayan tenido las emociones al rojo vivo. ¿Se reconocieron estas emociones? Tome nota mentalmente de aplicar el principio de identidad la próxima vez que usted u otras personas experimenten algunas emociones difíciles.

EL VIAJE ÓPTIMO

Estamos siendo constantemente bombardeados por la perfección. Adonis ilustrando la portada de *Men's Health* o la impecable Helen en la portada de *Vogue*; hombres y mujeres en la gran pantalla, resolviendo sus conflictos en dos horas o menos, trazando sus líneas perfectas, haciendo el amor perfecto. Todos hemos oído a los gurús de la autoayuda decir que nuestro potencial no tiene límite, que lo que podemos creer lo podemos conseguir, que querer es poder. Nos dicen que si nos limitamos a seguir el camino de nuestro líder espiritual —el que tiene la mejor sonrisa en la portada del superventas del *New York Times*— podemos encontrar la felicidad perfecta y absoluta.

Pero esta imagen perfecta que nos muestran las películas, las revistas y los libros ¿es real? ¿Está el ser humano tras la foto de Adonis plenamente satisfecho con sus relaciones o inversiones, y no se siente amenazado por el chico que estará en la portada el mes que viene? La digitalmente no retocada Helen ¿está totalmente satisfecha con su piel o con sus notas de selectividad, y es indiferente al paso del tiempo y a la omnipresente fuerza de la gravedad?

El antídoto al perfeccionismo (y la recomendación del optimalismo) es la aceptación de la realidad, de las cosas tal como son, ya sean fracasos, emociones o éxitos. Cuando no aceptamos el fracaso, estamos evitando las dificultades y el esfuerzo y nos privamos de la oportunidad de aprender y madurar; cuando no aceptamos las emociones negativas, acabamos pensando en ellas obsesivamente —las magnificamos y nos negamos la posibilidad de alcanzar la serenidad—; y cuando no somos capaces de aceptar, abrazar y apreciar el éxito, nada de lo que hacemos tiene sentido.

Imagine una vida de aceptación sincera. Imagine pasarse el año en el colegio —leyendo, escribiendo y aprendiendo— sin preocuparse por las notas de final de curso, aceptando el éxito y el fracaso como elementos naturales del desarrollo y el crecimiento. Imagine tener una relación en la que no tenga que disimular sus imperfecciones. Imagine levantarse por la mañana y aceptar al hombre o la mujer que ve reflejado en el espejo.

Sin embargo, por sí sola, la aceptación no puede resolver el problema del perfeccionismo y pretender que obre milagros no hará más que aumentar la infelicidad. Creo que existe una solución rápida para resolver el problema del perfeccionismo o la infelicidad en general. En nuestra búsqueda de una vida más feliz a través de la aceptación, inevitablemente experimentamos mucha confusión. Influidos por las promesas del cielo en la tierra, atraídos por las sirenas en la odisea hacia la autoaceptación, buscamos la tranquilidad perfecta —y al no encontrarla, nos sentimos frustrados y desilusionados—. Y de hecho, es una ilusión que puede ser perfectamente aceptable y, por lo tanto, perfectamente serena. ¿Es posible que alguien conserve la eterna impasibilidad de la Mona Lisa?

El viaje hacia el optimalismo no tiene una meta, no tiene un destino final en el que nos habremos aceptado totalmente —nuestros fallos, nuestras emociones, nuestros éxitos—. El lugar de la eterna felicidad y serenidad, por lo que puedo decir, sólo existe en los sueños y en las novelas. Así que, en lugar de seguir los pasos de Sísifo, ¿por qué no liberarnos de la carga, abandonar el mito de la perfección? ¿Por qué no somos un poco menos exigentes con nosotros mismos y aceptamos que el éxito o el fracaso forman parte de una vida plena y gratificante, y que experimentar temor, celos, rabia, y, en ocasiones, no aceptarse a sí mismo es simple y llanamente humano?

EJERCICIOS

Completar las siguientes frases

El psicólogo Nathaniel Branden ha desarrollado un ejercicio que consiste en generar varios finales para una serie de frases incompletas. La clave para hacer este ejercicio es generar al menos seis finales para cada frase, ya sea oralmente o por escrito.

Al hacer este ejercicio, es muy importante dejar a un lado la capacidad crítica y escribir o decir lo primero que acuda a la mente, independientemente de que tenga o no sentido y de sus contradicciones e inconsistencias internas. Este ejercicio de completar frases supone, en sí mismo, la práctica de la aceptación, expresando lo que viene a la mente, sin barreras ni inhibiciones.

Una vez que haya completado el ejercicio, puede revisar sus respuestas e identificar las que tienen más sentido, las ideas que le gustaría explorar un poco más y aquellas que resultan irrelevantes. Puede analizar los finales, escribir lo que ha aprendido de alguno de ellos y comprometerse a tomar medidas a partir de su análisis.

Éste es un ejemplo de una de las frases que completé:

Si acepto un 5 por ciento más...
dejaré de trabajar tanto;
no tendré tanto éxito;
tendré más éxito;
me dedicaré a lo que me gusta;
los demás me rechazarán;
decepcionaré a los demás;
me mostraré más tolerante con los demás;
los demás serán más tolerantes conmigo;
ya no tendré que estar siempre demostrándome a mí mismo;
estaré más tranquilo.

Y éstas son algunas frases inacabadas con las que puede probar:

Si me doy permiso para ser humano...
Si rechazo mis emociones...
Si soy un 5 por ciento menos perfeccionista...
Si soy un 5 por ciento más realista...
Si me convirtiera en un optimalista...

Si reconociera un 5 por ciento más mis éxitos...
Si acepto el fracaso...
Tengo miedo de...
Espero que...
Estoy empezando a ver que...

Empiece por estas frases y luego vaya poniendo las suyas. Puede realizar este ejercicio de completar las frases cada día durante un mes o una vez por semana; puede completar diez frases de golpe o hacer dos cada día.[6]

¡Sea realista!

La profesora Ellen Langer pidió a sus alumnos que evaluaran la inteligencia de una serie de científicos muy brillantes. El primer grupo de alumnos no recibió ningún tipo de información de cómo estos científicos habían conseguido sus éxitos. Los miembros de este grupo valoraron la inteligencia de los científicos como extremadamente alta y no consideraron que sus éxitos fueran asequibles. El segundo grupo recibió información de estos mismos científicos y de sus éxitos, así como información de las pruebas, los errores y las dificultades que habían experimentado en su camino hacia el éxito. Los alumnos de este grupo evaluaron la inteligencia de estos científicos como impresionante –exactamente igual que los del primer grupo–. Pero, a diferencia de los del primer grupo, los alumnos del segundo grupo evaluaron los éxitos de los científicos como asequibles.

Los alumnos del primer grupo sólo estuvieron expuestos a los éxitos de los científicos. Sólo vieron una parte de la realidad (el resultado), que es lo que ve el perfeccionista. Los alumnos del segundo grupo, que habían sido informados previamente de la trayectoria de los científicos, vieron la totalidad de la realidad –el proceso y el resultado–, que es lo que ve el optimalista.

No hace falta decir que todos los éxitos se consiguen superando una serie de pasos –estudiar durante varios años, sufrir varios fracasos, esforzarse mucho y experimentar más o menos antes de conseguirlo–. El mundo de la música está plagado de éxitos que parece que se hayan conseguido de la noche a la mañana, pero que, en realidad, cuentan con muchos años de trabajo y esfuerzo a sus espaldas. Cuando nos fijamos en el resultado final, no tenemos en cuenta la inversión de energía y tiempo que se ha necesitado para llegar hasta ahí y, por tanto, el éxito parece fuera de nuestro alcance –un trabajo de un genio sobrehumano–. Como escribe Langer: «Si investigamos cómo una persona ha llegado a un sitio, tenemos más probabilidades de ver que el éxito ha sido difícil de conseguir y que nuestras posibilidades son más plausibles [...]. Podemos imaginarnos avanzando, aunque las grandes cumbres parezcan prohibitivas».[7]

Escriba un objetivo que ambicione, un objetivo que dude de su consecución. De forma narrativa, describa cómo podría alcanzar dicho propósito. Incluya en su historia una descripción de los pasos que dará en el camino hacia el éxito, de los obstáculos y las dificultades que se encontrará y de cómo las superará. Explique dónde están las dificultades, dónde puede tropezar y caer, y qué hará para levantarse y volver a ponerse en camino. Por último, explique cómo finalmente acabará llegando a su destino. Procure que su historia sea lo más gráfica posible, narrándola como si fuera una historia de aventuras. Repita este ejercicio para tantos objetivos como quiera conseguir.

Piense también que las biografías basadas en una minuciosa labor investigadora presentan la realidad del éxito –estas historias descomponen el éxito hasta llegar a sus elementos reales–. Sería también conveniente leer biografías de personas que hayan triunfado, especialmente de las que lo hayan logrado en áreas que resulten de su interés.

Segunda parte

APLICACIONES

5

EDUCACIÓN PARA EL OPTIMALISMO

«Lo perfecto es enemigo de lo bueno.»

Voltaire

Aristóteles, en su discurso sobre la psicología del alma, describe un principio al que se refiere como la doctrina del término medio, también conocido como el medio dorado. La virtud, según Aristóteles, no es una manifestación extrema de una cualidad personal, sino que más bien se encuentra entre la insuficiencia y el exceso de esa cualidad. Por ejemplo, tener la virtud del valor significa no comportarse ni de forma cobarde (exhibiendo una audacia insuficiente huyendo sin pensar a la menor señal de peligro) ni de forma precipitada (mostrando una audacia excesiva al lanzarse de cabeza en una situación sin considerar las posibles consecuencias). De forma parecida, la virtud de la modestia significa encontrar el punto medio feliz entre la humildad y la arrogancia.

En ningún sitio resulta tan importante encontrar el equilibrio adecuado entre dos extremos como en la educación de los hijos. Más de dos mil años después de Aristóteles, educadores y psicólogos siguen enseñándonos a aplicar el principio del medio dorado en casa y en el colegio.

LOS PRIVILEGIADOS DESFAVORECIDOS

Ciertas paradojas aparentes que observamos en alumnos procedentes de familias acomodadas nos enseñan una importante lección sobre la educación en general. Aunque estos niños son materialmente ricos, muchas veces son pobres en términos de bienestar. Estadísticamente, son más propensos que otros chicos a abusar de sustancias o a sufrir ansiedad o depresión. La psicóloga Suniya Luthar y sus colegas han investigado a los llamados «privilegiados desfavorecidos» y han identificado dos factores responsables de este fenómeno: la presión por obtener buenos resultados y el sentimiento de aislamiento. Otro factor relacionado, del que Luthar habla indirectamente, es la excesiva implicación de los padres y los educadores en la vida de estos niños.[1]

Los niños ricos suelen estudiar en colegios privados o, en determinados barrios, en los mejores colegios públicos, donde lo más importante es el éxito académico, tener clases de nivel avanzado, formar parte del cuadro de honor y entrar en las mejores universidades. Están sometidos a una presión considerable por triunfar académicamente y en su entorno se otorga muy poca importancia a disfrutar del proceso de aprendizaje, a explorar, a aprender de los errores. El viaje no es más que un medio para llegar a un fin. Evidentemente, las intenciones de los padres o educadores son buenas, pero las buenas intenciones no necesariamente pavimentan el camino hacia un destino favorable. Como dice Luthar, muchos no somos conscientes de los «riesgos y presiones que puede conllevar, paradójicamente, intentar hacer lo mejor por nuestros hijos». Para muchos de estos niños, estos riesgos y presiones se ponen de manifiesto en forma de perfeccionismo.

Lamentablemente el sistema refuerza inconscientemente (o a veces crea) la obsesión por la perfección. ¿Quién tiene más probabilidades de recibir una carta de aceptación de una de las mejores universidades: un estudiante que explora y se pierde, que se arriesga y tropieza varias veces en su camino hacia el descubrimiento de sus pasiones o un alumno de expediente académico intachable?

En igualdad de condiciones, muchos optarían por la segunda opción, valorando más el éxito que el valor de equivocarse, los resultados mensurables que la exploración apasionada.

Es importante esperar mucho de los niños; uno de los problemas más comunes de los barrios más pobres es el de las bajas expectativas que algunos padres, educadores y políticos tienen de sus niños. Unas expectativas altas pueden llevar a un perfeccionismo sano, adaptativo, o a lo que he estado llamando optimalismo. El éxito y la felicidad de un niño a largo plazo dependen de su esfuerzo por conseguir objetivos ambiciosos y, al mismo tiempo, de su aceptación del fracaso y la imperfección. Lo difícil para los padres y los educadores es combinar las expectativas altas con la licencia y la motivación para explorar, asumir riesgos, cometer errores y fracasar.

Obviamente, no sólo los niños están sometidos a una gran presión por obtener buenos resultados. Los propios padres, muchas veces como resultado de una educación similar, dedican la mayor parte del tiempo a su trabajo y no necesariamente porque les guste hacerlo. A estos padres les suele quedar poco tiempo o energía para sus hijos, que se sienten aislados y solos. A falta de una presencia y un apoyo parental, los niños son bastante más susceptibles de sufrir depresión y ansiedad, así como de sentirse presionados por sus iguales. Los resultados de una implicación insuficiente de los padres son potencialmente graves.

Aunque las consecuencias de una implicación excesiva también pueden ser igual de nocivas. Si un niño siente que sus padres están siempre observándolo y que cada cosa que hace es objeto de evaluación, que recibe *feedback* cada vez que hace algo y que constantemente lo bombardean con instrucciones sobre lo que debe o no debe hacer, la lección que acaba aprendiendo es que sólo existe una forma correcta de actuar —un camino perfecto que representa la distancia más corta entre donde está y donde quiere estar—. Aprende que los desvíos de este camino son intolerables. Con el tiempo, el niño internaliza la voz que comenta todo lo que hace, y la oye, incluso cuando sus padres no están presentes.

Padres y educadores suelen tratar de acelerar el desarrollo de los niños proporcionándoles instrucciones claras y distinguiendo lo bueno de lo malo. Al fin y al cabo, ¿por qué un padre, que tiene mucha más experiencia —y que normalmente sabe más— no tendría que ayudar al niño a evitar los errores que son evitables? La respuesta es que, a pesar de que los niños necesitan y desean que los orienten y que dicha orientación es buena para su desarrollo, a veces puede resultar excesiva. Es muy importante dejar que el niño explore lo que para él es un territorio desconocido, que de vez en cuando se encuentre en alguna encrucijada. A los padres con tendencias perfeccionistas les resulta especialmente difícil dejar hacer, dejar de controlar todos los movimientos de sus hijos. Este comportamiento impide el desarrollo del hijo. El hijo, siempre y cuando su seguridad esté garantizada, tiene derecho a tomar sus propias decisiones imperfectas, a experimentar el dolor del fracaso y el placer del aprendizaje, el orgullo del éxito y la vulnerabilidad de la independencia.

Irónicamente, los elogios y la motivación parental excesivos pueden ser tan perjudiciales como una avalancha de críticas. Algunos padres, aconsejados por psicólogos y expertos, ofrecen un refuerzo positivo cada vez que el hijo hace algo bien. Si bien el refuerzo positivo es indudablemente importante, los niños también necesitan «períodos sin comentarios»: momentos en los que puedan trabajar o jugar sin ser interrumpidos por elogios o críticas.

Los hijos de familias acomodadas suelen recibir lo peor de ambos mundos. Lo que Luthar y sus colegas han descubierto es que la causa subyacente de los altos niveles de abuso de sustancias y de angustia entre los adolescentes procedentes de familias ricas suele ser «el exceso de crítica parental percibida por los chicos y la falta de supervisión después del colegio». Por un lado, los padres están poco involucrados en la vida de sus hijos. Pasan muy poco tiempo con ellos y, después del colegio, no les ofrecen una supervisión adecuada. Por otro lado, en el tiempo limitado que los padres otorgan a sus hijos, tratan de compensar su ausencia implicándose excesivamente, lo cual provoca un «exceso de crítica percibida».

La investigación realizada en el grupo de los primogénitos de las familias aporta información adicional sobre el delicado equilibrio, el medio dorado, entre la implicación excesiva y la implicación insuficiente.[2] El hijo mayor tiene más probabilidades de ser considerado talentoso, y un número desproporcionado de alumnos de las mejores universidades son los primogénitos de su hogar. Esto se debe, al menos en parte, a la cantidad de tiempo y atención que estos niños reciben de sus padres. No obstante, al mismo tiempo, el primogénito también tiene más probabilidades que sus hermanos de convertirse en perfeccionista. Esto también se debe, en parte, a que sus padres cuentan con más tiempo para dedicarle, lo que a su vez significa que está más estrechamente supervisado y que disfruta de menos períodos sin comentarios. Si bien algunos padres se sienten culpables de no prestar tanta atención al segundo o tercer hijo como al primero, lo cierto es que, en realidad, puede que les estén haciendo un favor. Dicho esto, la necesidad de proporcionar a los niños el espacio necesario para explorar no significa que haya que descuidarlos: la implicación parental tiene beneficios claros e indiscutibles. Parafraseando a Aristóteles, en su discurso sobre la doctrina del punto medio, la clave es implicarse en el momento adecuado, en la medida adecuada, con la razón adecuada y de la forma adecuada. Obviamente, como todo padre sabe, esto resulta más fácil de decir que de hacer.

Un buen ejemplo del medio dorado educacional en acción lo encontramos en los colegios Montessori. El objetivo de la filosofía educativa Montessori se podría resumir en crear «libertad en un entorno estructurado».

La libertad sin estructura o limitaciones resulta en una implicación insuficiente; estructura o limitaciones sin libertad provoca una implicación excesiva.[3] Resulta difícil no dejarse impresionar por la calmada intensidad de los alumnos de los colegios Montessori mientras se encuentran totalmente absortos en sus tareas individuales o de grupo. Si bien el niño sabe que el profesor está ahí por si necesita ayuda, y si bien el profesor elogia y critica cuando es preciso, la implicación real del profesor se reduce al mínimo: toda la implicación que sea necesaria y la mínima implicación posible. El profesor crea, efectivamente, un entorno seguro, un entorno apropiado para la edad del niño. El niño puede actuar con independencia dentro de ese entorno, ya sea introduciendo una serie de objetos en un agujero o explorando una pregunta importante sobre el origen de nuestras especies.

Mihály Csíkszentmihályi, quien ha sido fundamental para el lanzamiento del movimiento de la psicología positiva, realizó un estudio con Kevin Rathunde en el que comparó los colegios Montessori con las escuelas tradicionales.[4] Una de las diferencias más importantes que encontró es que en los colegios convencionales, los alumnos dedican la mayor parte del tiempo a escuchar a los profesores y a tomar apuntes, una actividad altamente estructurada. Por el contrario, en los colegios Montessori, los alumnos ocupan más horas involucrados en proyectos independientes, ya sea individualmente o en grupos. Este tipo de actividad ofrece una combinación de libertad y estructura. No es casualidad que los alumnos de los colegios Montessori valoraran más favorablemente a sus compañeros, sus profesores y su colegio. Estaban más involucrados en sus tareas escolares, tenían más energía y mostraban niveles más altos de motivación intrínseca.

REFLEXIÓN ¿Crea para los demás, ya sean niños o adultos, un entorno favorable para el aprendizaje, con suficientes períodos exentos de comentarios y una implicación adecuada? ¿Disfruta de este entorno en su propia vida?

LA MADRE «BASTANTE BUENA» O ACEPTABLE

El trabajo sobre el desarrollo infantil realizado por el influyente pediatra y psicoanalista británico Donald Winnicott aporta luz sobre la implicación parental adecuada.[5] Si bien Winnicott se centra básicamente en el papel de la madre, sus ideas también se aplican al padre y, de hecho, a todo aquel que esté activa y directamente involucrado en la educación del niño.

Inicialmente, dice Winnicott, el niño depende totalmente de la madre: hay una simbiosis física y psicológica total. Lo que el niño necesita, en ese momento, es que la madre responda a todos sus deseos, ya sea de alimentarlo o de cogerlo en brazos. Poco a poco, para ayudar al niño a madurar a través del proceso de diferenciación —hacerse independiente, funcionar individualmente—, la madre tiene que ir retirándose. En lugar de responder perfectamente —en otras palabras, inmediata y totalmente— a la necesidad de su hijo, dice Winnicott, debe responder adecuadamente. Este cuidado imperfecto de la madre, a la que Winnicott denomina «madre bastante buena o aceptable», «empieza con una adaptación casi completa a las necesidades del niño y con el tiempo, la adaptación va disminuyendo, gradualmente, en función de la capacidad del niño para superar sus fracasos».

La madre bastante buena no abandona al niño, lo deja que luche, que se esfuerce. Por ejemplo, en lugar de responder inmediatamente a su necesidad de ser consolado cada vez que llora, la madre, gradualmente, va dejando que el niño experimente cierta incomodidad —siempre y cuando no corra ningún peligro, por supuesto—. Cuando el hijo descubre que no siempre puede contar con su madre, aprende a confiar en sí mismo. A medida que aumenta la frecuencia con la que la madre, gradual y sensiblemente, va «fallándole» al niño (a medida que va practicando lo que Winnicott describe como «fracaso en la adaptación graduado»), el pequeño va desarrollando la capacidad de enfrentarse al mundo exterior independientemente de ella.

Teniendo en cuenta que el fracaso es un componente inevitable del mundo real, la madre que realmente se preocupa por su hijo lo prepara simulando, en un entorno controlado y a un ritmo adecuado para él, aquello a lo que tendrá que enfrentarse en solitario.

El proceso de separación —los lapsos de tiempo durante los cuales el niño que llora, por ejemplo, se enfrenta a la ausencia de su madre— resulta desagradable, por decir lo mínimo, y difícil tanto para la madre como para el hijo. Pero en cualquier caso, es inevitable. Un niño nunca aprendería a andar si estuviera perfectamente protegido —si estuviera constantemente sustentado, apoyado, privado de la experiencia desagradable de caerse—. O se aprende a fracasar o no se aprende nunca.

Podemos extender esta idea de la madre bastante buena —o más generalmente, del padre bastante bueno— y aplicarla no sólo a las necesidades del niño, sino también a su comportamiento. Por ejemplo, una madre «perfecta» sería reacia a dejar que su hijo lo dejara todo hecho un asco cuando comiera; preferiría dar de comer al niño ella misma o pasar la aspiradora cada vez que tirara algo al suelo. Una madre bastante buena reconoce la importancia de aprender haciendo, de mancharse las manos, y dejaría que el niño tirara un poco de comida, se manchara, se llevara cucharas vacías a la boca y se enganchara comida al pelo. Al mismo tiempo, la madre bastante buena se asegura de que el niño coma lo suficiente y no corra peligro de pincharse con el tenedor. Cuando descubre la dosis de implicación adecuada, la madre deja espacio para el fracaso sin poner en peligro ni la salud ni la seguridad del niño.

Ser una madre o un padre bastante bueno se convierte en fundamental para un desarrollo saludable en la infancia y la adolescencia. Por ejemplo, a diferencia de la madre bastante buena, capaz de encontrar el medio dorado entre negligencia e indulgencia excesiva, la madre perfecta está continuamente satisfaciendo las necesidades materiales y psicológicas de su hijo adolescente. Al muchacho le llueven los regalos; no tiene más que pedir lo que quiere —asumiendo que no dispone de los medios financieros necesarios para adquirirlo—. Pero existe otro tipo de indulgencia que resulta aún más perjudicial, y es la desinfección emocional e intelectual del entorno del hijo: si un profesor o un compañero es desagradable con el hijo, si el hijo tiene dificultades con un tema o proyecto, el padre (o el representante del padre) resuelve el problema. Si bien parte del papel del padre es ayudar al hijo cuando es necesario, solucionar o tratar de solucionar todos los problemas del hijo en todas las situaciones posibles puede resultar más perjudicial que beneficioso.

Muchos padres que han experimentado dificultades personales desean una vida mejor para sus hijos. Querer ahorrarles a los hijos las experiencias desagradables por las que se ha tenido que pasar es un deseo noble, que surge de forma natural del amor y la preocupación por el hijo. Lo que estos padres no tienen en cuenta, sin embargo, es que si bien a corto plazo pueden estar haciendo la vida de su hijo más agradable, a la larga podrían impedir que su hijo adquiriera confianza en sí mismo, resistencia, consistencia y habilidades interpersonales importantes. Como escribió Samuel Smiles, autor británico del siglo XIX: «Dudo que pueda haber algo peor para un hombre que la completa satisfacción de todos sus deseos sin ningún esfuerzo por su parte, no dando cabida a sus esperanzas, deseos o esfuerzos».[6] Para un desarrollo sano, para crecer y madurar, el niño debe enfrentarse a algunos fracasos, pasar por períodos difíciles y experimentar emociones negativas.

Como padre, a menudo me gustaría que hubiera un atajo o una forma de evitar el problema; pero no la hay.

REFLEXIÓN Piense en su relación con un niño –con su hijo o con el de otra persona– y reflexione sobre las oportunidades que tiene de ser bastante bueno, de encontrar el medio dorado entre una implicación insuficiente y una implicación excesiva.

Los colegios están repletos de perfeccionistas. Aparte de intentar reparar los errores del pasado y de educar a los niños de una forma diferente, ¿qué pueden hacer los profesores o los padres con un niño perfeccionista? Y si el niño no es un perfeccionista, ¿cómo puede el educador asegurarse de que seguirá siendo así? El conocimiento de la investigación realizada por Carol Dweck sobre la mentalidad fija y la mentalidad de crecimiento y la diferencia entre persona y comportamiento puede ayudar a los educadores a vacunar a los niños contra el virus del perfeccionismo.

MENTALIDAD

Dweck distingue mentalidad fija y mentalidad de crecimiento.[7] Poseer una mentalidad fija es creer que nuestras capacidades —nuestra inteligencia, competencia física, personalidad y habilidades interpersonales— son fijas y no pueden cambiar. O somos listos y talentosos, en cuyo caso triunfaremos en los estudios, en el trabajo, en los deportes, y en nuestras relaciones, o somos permanentemente deficientes y, por lo tanto, estamos condenados al fracaso. Por el contrario, tener una mentalidad de crecimiento es creer que nuestras capacidades son maleables —que pueden cambiar y que, de hecho, cambian a lo largo de nuestra vida—. Nacemos con ciertas capacidades, pero éstas no proporcionan más que un punto de partida y, para triunfar, tenemos que aplicarnos, dedicar tiempo, invertir mucho esfuerzo.

Para una persona con mentalidad fija, el trabajo duro supone una amenaza, ya que considera que sus capacidades son limitadas y por extensión, ella también lo es. Al fin y al cabo, si fuera lista y talentosa, no tendría que trabajar. Como no quiere parecer deficiente y como cree que no puede hacer nada para solucionar una deficiencia, está constantemente sintiendo la presión de demostrarse a sí misma y a los demás lo lista, competente y perfecta que es.

La experiencia de una persona con una mentalidad de crecimiento es totalmente distinta. Para ella, el trabajo no sólo es necesario, sino que además es divertido y excitante; disfruta del viaje porque, en lugar de tener que estar constantemente probándose a sí misma, lo que le interesa es aprender, desarrollarse y realizar su potencial. Aparte de ser más feliz, una persona con una mentalidad de crecimiento es más persistente en sus esfuerzos y, por lo tanto, tiene más posibilidades de triunfar. Existen, evidentemente, personas que poseen una mentalidad fija y que trabajan mucho, pero lo cierto es que suele moverles la necesidad de demostrarse a sí mismas y a los demás su valía. Ciertamente, resulta una carga muy pesada de transportar.

Por fortuna, la mentalidad fija en sí misma ¡no es fija! En un estudio clínico, Dweck y sus colegas formaron al azar dos grupos de alumnos de quinto curso. En la primera parte del estudio, los alumnos de los dos grupos tuvieron que responder a diez preguntas del mismo nivel de dificultad; en general, los resultados fueron bastante positivos y respondieron a la mayor parte de las cuestiones correctamente. Una vez completada la tarea, los participantes de ambos grupos fueron elogiados de diferentes maneras. Entre los alumnos del primer grupo, se indujo la mentalidad fija elogiándolos por su inteligencia (en la línea «se te debe dar muy bien esto»), mientras que, entre los del segundo grupo, se indujo la mentalidad de crecimiento, elogiándolos por sus esfuerzos (con frases del tipo «Debes haberte esforzado mucho»).

En la segunda parte del estudio, los participantes tuvieron que elegir entre realizar un nuevo test de mayor dificultad y del cual podrían aprender mucho o realizar un test fácil y bastante similar al que habían completado anteriormente. El 90 por ciento de los estudiantes del grupo en el que se había inducido la mentalidad de crecimiento a través del elogio al esfuerzo se decantaron por el test difícil que les ofrecía la oportunidad de aprender. Por el contrario, la mayoría de los estudiantes del grupo de la mentalidad fija, que habían sido encomiados por su inteligencia, optaron por lo conocido en lugar de lo difícil y eligieron el test fácil.

En la tercera ronda del estudio, los estudiantes de los dos grupos tuvieron que responder a un test de difícil resolución. Los que previamente habían sido elogiados por su inteligencia pasaron un mal rato, mientras que aquellos cuyo esfuerzo fue aplaudido disfrutaron bastante —del esfuerzo y de lo que aprendieron—. Como explica Dweck: «Otorgar importancia al esfuerzo le proporciona al niño una variable que puede controlar. Se llega a ver con el control de su propio éxito. Darle importancia a la inteligencia natural hace que el niño no la pueda controlar y resulta mala receta para responder al fracaso».

Curiosamente, cuando Dweck entregó a los dos grupos el último test, que tenía el mismo grado de dificultad que el de la primera ronda, los estudiantes «inteligentes» lo hicieron el 20 por ciento peor que en la ocasión anterior. Por el contrario, los estudiantes «trabajadores» obtuvieron mejores respuestas en un 30 por ciento. Como este estudio demuestra, la mentalidad de crecimiento lleva a asumir nuevos desafíos, a disfrutar más de las dificultades y, por último, a obtener un mejor resultado.

Dweck consiguió inducir una mentalidad fija o de crecimiento con una sola frase, simplemente elogiando la inteligencia de los estudiantes o su esfuerzo. Sus conclusiones son inquietantes (porque demuestran el impacto que nuestras palabras pueden tener en nuestros hijos) y, al mismo tiempo, alentadoras (porque sabemos lo fácil que resulta tener un impacto positivo y significativo). Debemos elogiar a los hijos por sus esfuerzos, por lo que está bajo su control, en lugar de por su inteligencia, que no lo está. En su libro *Mindset,* Dweck escribe: «Los padres creen que pueden dar a los hijos una confianza —un talento— permanente a través del elogio de sus cerebros y de su talento. No funciona y, de hecho, produce el efecto contrario. En cuanto surge un problema o algo va mal, los hijos dudan de sí mismos». Si los padres quieren dar un talento a sus hijos, lo mejor que pueden realizar es enseñarles a apreciar los desafíos, a sentir curiosidad por los errores, a disfrutar del esfuerzo y a seguir aprendiendo.

La mentalidad fija se acerca más al perfeccionismo, mientras que la de crecimiento se acerca más al optimalismo. Elogiar la inteligencia induce a temer el fracaso, porque sugiere la idea de que una persona muy inteligente tendría que excluir la posibilidad de fracaso. Por el contrario, elogiar el esfuerzo lleva a centrar la atención en el viaje y no en el resultado; no es tan importante el éxito o el fracaso de una persona como su esfuerzo. Una mentalidad fija (el perfeccionista) lleva a tener un miedo intenso al fracaso y a convertir el fracaso en drama cuando se produce;

una mentalidad de crecimiento (el optimalista) lleva a percibir el fracaso como una oportunidad de crecimiento y desarrollo.

Los educadores tienen que estar constantemente haciendo hincapié en el proceso —el trabajo duro, el esfuerzo, el placer del viaje, la importancia de los fracasos como oportunidades de aprendizaje— y no únicamente en el éxito en sí mismo y en el resultado. Decirles a los niños lo listos que son constituye un fuerte estímulo a corto plazo (tanto en el niño como en sus padres o profesores), pero, a largo plazo, afecta de forma negativa a su motivación, a su rendimiento y a su bienestar. Padres y profesores constantemente deberían preguntarles a los niños por lo que aprenden —de los demás, de los libros, de sus propios errores y éxitos— y qué aspectos han mejorado, no los premios ni las notas que han tenido ni cómo les han ido las cosas.

Los niños también tienen que entender que no es necesario triunfar en todo y que disfrutar realizando una tarea es razón suficiente para emprenderla. Asimismo han de saber que si quieren destacar, deben esforzarse —lo cual no excluye la posibilidad de disfrutar en el proceso.

Cada vez que caigo en la trampa del perfeccionismo y experimento un temor intenso y debilitador al fracaso, me recuerdo a mí mismo que la habilidad es maleable, que es normal tener altibajos, y que si me esfuerzo, puedo mejorar, como tantas veces he hecho en el pasado. La mentalidad de crecimiento me ayuda a concentrarme en el viaje y la presión remite. Lo hago por mí —para rendir y disfrutar más— y lo hago por mis hijos y alumnos que seguramente harán más caso de mis obras que de mis palabras.

REFLEXIÓN Piense en una cualidad o habilidad que haya mejorado con el tiempo como consecuencia de sus esfuerzos. Podría incluir desde su destreza en la pista de tenis hasta sus habilidades oratorias, desde su valor a su empatía. ¿Qué ha hecho para mejorar estas cualidades o destrezas?

Es importante destacar que la distinción de Dweck entre mentalidad fija y de crecimiento no tiene ningún punto en común a la distinción de Sowell entre la visión limitada e ilimitada de la naturaleza humana. Dweck tiene en cuenta las aptitudes, mientras que Sowell considera la naturaleza. Generalmente, el optimalista comparte la visión limitada de la naturaleza humana (la idea de que nuestra naturaleza es fija) y, al mismo tiempo, abraza la mentalidad de crecimiento (la idea de que nuestras aptitudes no son fijas). El perfeccionista suele creer en lo opuesto —que la naturaleza no es fija (visión ilimitada) y que las aptitudes son fijas (mentalidad fija).

TRADICIÓN Y PROGRESO

Cuando el año pasado estuve en Australia, tuve la ocasión de escuchar un programa de radio en el que un grupo de líderes empresariales criticaba la última hornada de licenciados universitarios. Estos veinteañeros listos y bien educados que acababan de incorporarse al mercado laboral necesitaban que los estuvieran constantemente mimando y elogiando, y si les criticaban, se enfadaban e incluso abandonaban sus trabajos.

Los directivos de Estados Unidos y del mundo occidental se están topando con una actitud idéntica. Para la generación más mayor, muchos de los cuales aprendieron «a base de palos», este fenómeno puede acarrear muchos problemas.

Carol Dweck denomina a estos recién llegados «la generación de los elogiados». Muchas veces son el producto de unos padres y educadores bien intencionados que, queriendo aumentar su autoestima, tendieron a elogiarlos constante e incondicionalmente (para reforzar la autoestima) y a contener cualquier forma de crítica (que podía herir su frágil ego). Los resultados, sin embargo, fueron más bien los contrarios a lo que se pretendía: en lugar de convertirse en adultos con una autoestima alta, los hijos crecieron inseguros y mimados. Según Dweck: «Ahora tenemos una fuerza laboral que necesita un reconocimiento constante y que no puede soportar las críticas; nada peor para triunfar en el mundo de la empresa, donde resulta esencial asumir desafíos, mostrar persistencia y admitir y rectificar los errores».

Aparentemente, el futuro no parece muy prometedor. Los adultos están educando una nueva generación de hijos a través de aplausos estrepitosos y reprimendas calladas. Uno de los motivos de su actitud es su deseo natural de caer bien y la idea de que caerán mejor si son generosos en elogios y parcos en críticas. Pero lo cierto es que los chicos saben (aunque no siempre inmediatamente) que necesitan límites, y por lo tanto, es muy posible que a la larga acaben agradeciéndoles a sus profesores el haber sido realistas, el haber llamado a las cosas por su nombre —lo bueno y lo malo, los elogios y las críticas—. Un padre sincero que marque claras limitaciones a su hijo tiene muchas más posibilidades de acabar ganándose su respeto que un padre que quiera gustar a su hijo y, en consecuencia, acceda sin reflexionar a todos sus caprichos.

Pero no es sólo la necesidad de gustar la que mueve a los educadores. Hay que recordar que las prácticas educativas modernas surgieron como reacción a una larga historia de métodos de enseñanza estrictos y a menudo crueles, en los que padres y educadores actuaban con mano de hierro.

Los que sufrieron este tipo de prácticas, comprensiblemente, quisieron reemplazar el palo por la zanahoria. Con la publicación, en 1916, de su libro *Democracia y educación*, John Dewey, considerado por muchos como el padre de la educación norteamericana, lanzó el movimiento de educación progresiva.[8] El niño, que ya no estaba desprovisto de derechos, se situó al mismo nivel que el educador. En lugar de ordenar al niño, el educador tenía que pedirle; en lugar de doblegar sus ánimos, el educador debía animarlo y apoyarlo.

Éste se convirtió en uno de los cambios más importantes de la historia de la educación, pero como suele ocurrir cuando un movimiento nace como reacción a otro, el cambio se desplazó demasiado hacia el otro extremo. Las escuelas progresivas del *laissez faire*, en las que escaseaban las críticas y abundaban los elogios, no consiguieron chicos bien educados, seguros de sí mismos e íntegros, sino más bien graduados inquietos e inseguros. Dewey no era ajeno a los efectos potencialmente negativos de la educación progresiva. Reconocía conscientemente que había ido demasiado lejos —él o los que habían interpretado e implementado su teoría—. Escribió otro libro, *Experiencia y educación,* con la intención de elaborar una síntesis más detallada entre el método antiguo y el nuevo, pero, lamentablemente, el libro recibió muy poca atención.[9] Durante medio siglo, los efectos de la educación progresiva no fueron tan graves como hubieran podido ser. La realidad externa a la que se enfrentaban los estudiantes —la gran depresión que sucedió a la segunda guerra mundial— favoreció el endurecimiento de muchos niños y niñas que, de otro modo, hubieran sido bastante blandos.

Pero entonces llegaron los años sesenta. Una generación de rebeldes quería acabar con las trabas de la educación tradicional. Aplicaron su nuevo sentimiento de libertad a la educación de sus hijos. Aunque, en su afán por desterrar la dureza de los métodos educativos tradicionales, también acabaron con la disciplina y las limitaciones. Sus hijos, nacidos en los años sesenta, setenta y ochenta, no se «beneficiaron» de las dificultades a las que habían estado expuestas las generaciones anteriores; no se dio ninguna circunstancia que pudiera endurecerlos y prepararlos para los momentos difíciles de la vida. La generación excesivamente mimada seguía estando mimada.

Irónicamente, a pesar de ser polos opuestos, los dos métodos de educación —el tradicional y el progresivo— resultan similares en tendencias perfeccionistas. A un niño educado según el método tradicional lo castigan cada vez que se desvía del camino, recto y directo. La educación que recibe no lo prepara para identificar los fracasos como oportunidades de aprendizaje, por lo que aprende a temerlos. Un niño educado según el modelo progresivo no aprende a caer y a recuperarse de un revés y, por lo tanto, desarrolla el temor a fracasar. Al fin y al cabo, nada de lo que ha hecho ha estado sujeto a críticas o castigos; tarde o temprano, cuando deje de estar protegido por sus padres y educadores, deberá afrontar las consecuencias del fracaso en el mundo real. Al no estar preparado, se sentirá perdido y asustado.

Entonces, ¿qué hay que hacer? La solución reside en encontrar el medio dorado entre el método antiguo y el nuevo. En este caso, la clave se encuentra en aprender a separar la persona del comportamiento.

PERSONA Y COMPORTAMIENTO

Si, como padres y educadores, somos capaces de concentrarnos en el valor inherente de nuestros hijos y alumnos, podremos obtener lo mejor de ellos. Es muy importante que aprendamos a apreciar al niño como persona —a ver su esencia más allá de sus notas y de sus medidas, de sus éxitos y fracasos—. Debemos crear un entorno en el que el niño pueda desarrollar un sentimiento de autoestima que no dependa de exámenes estandarizados o de imágenes que ve reflejadas en el espejo de la sociedad. En palabras de Carol Rogers, el niño, en la medida de lo posible, tiene que percibir «una mirada incondicional positiva» de sus padres y educadores.

Ésta es la parte de la ecuación que el método progresivo entendió correctamente. La otra parte, la que la educación progresiva pasó por alto, se halla en la necesidad de definir límites muy claros para el comportamiento. «Una mirada incondicional positiva» no es sinónimo de «todo vale». Un niño que trae a casa malas notas porque ha hecho el vago puede y debe ser reprendido. Un niño que hace daño a otro adrede e injustamente merece ser castigado. Por lo tanto, si bien los niños necesitan sentir que son incondicionalmente aceptados por los adultos que hay en sus vidas, también tienen que saber que existen comportamientos que los adultos no aceptarán. Marva Collins, una profesora extraordinaria que ha transformado las vidas de miles de estudiantes, da este consejo a los profesores: «Cuando tengáis que reprender a un niño, hacedlo con cariño. No intentéis degradarlo o humillarlo. Su ego es algo muy preciado que hay que preservar. Podéis decir: "Te quiero mucho, pero no voy a tolerar este tipo de comportamiento" o "¿Sabes por qué no lo voy a tolerar? Pues simplemente porque eres demasiado brillante para comportarte así"».[10]

Al concentrarse en el comportamiento, el padre puede decir: «En lugar de estudiar, has estado jugando y te has esforzado muy poco en tus tareas. La próxima vez, espero que trabajes más para que te vaya mejor». Si el niño no responde a la crítica verbal, puede ser castigado sin salir o sin jugar a un juego que le gusta mucho.

Separar la persona del comportamiento también es muy importante cuando se trata del éxito. Los padres suelen ser muy rápidos a la hora de elogiar a su hijo y de transmitirle lo mucho que lo quieren (explícita o implícitamente) cuando hace algo bien. Y si el niño siente que mamá y papá lo quieren más cuando hace las cosas bien, infiere que ante un rendimiento inferior, lo querrán menos. El niño empieza a temer el fracaso porque deduce que el amor de sus padres es condicional. Como dice Ginott, el elogio sólo tiene que ir dirigido «a los esfuerzos y los éxitos del niño, no a su carácter y personalidad».

Decirle a un niño que es maravilloso porque ha obtenido buenas notas y horrible cuando trae malas notas a casa supone centrarse en su persona; decirle al niño que ha trabajado mucho o que no ha trabajado bastante supone centrarse en su comportamiento. Que el niño sea maravilloso a los ojos de sus padres tiene que ser un hecho que no dependa de si sus resultados son buenos o malos. Los padres y educadores que elogian o critican a la persona están aumentando la probabilidad de inducir el perfeccionismo en el niño; por el contrario los que se concentran en el comportamiento, tanto elogiándolo como criticándolo, conceden más posibilidades al optimalismo.

REFLEXIÓN ¿Cómo elogia a los niños y a los adultos? ¿Se centra en el esfuerzo y el proceso? Tome nota mental de hacerlo así en el futuro.

Como padres y educadores, podemos utilizar muchas herramientas para corregir la obsesión de nuestra cultura por elogiar el éxito externo. Numerosos aspectos conspiran para glorificar el éxito mensurable, y un niño aprende muy pronto a internalizar que, para ser valorado, tiene que traer buenas notas a casa y que el valor neto es un prerrequisito para la autoestima. Padres y educadores pueden crear un entorno alternativo en el que el amor y el apoyo estén presentes durante todo el viaje, y no sólo cuando el niño llegue a su destino.

EJERCICIO

Mi mejor profesor

Escriba sobre el mejor profesor que haya tenido en su vida. Puede ser su padre, un profesor de primer curso, un profesor de la universidad o un jefe que haya invertido en gran medida en su desarrollo profesional. ¿Qué hizo para sacar lo mejor de su persona? ¿Qué aprendió de él que pueda resultarle de ayuda a la hora de tratar con niños?

Piense ahora en el papel de profesor que interpreta en varias facetas de su día a día. ¿Cómo puede aplicar las lecciones que aprendió de ese profesor en el trabajo, en su casa y en otras áreas de su vida? Puede repetir el ejercicio, esta vez pensando en otro profesor y comparándolo con el primero. ¿Qué diferencias y similitudes existen entre los dos? ¿Qué otros factores sobre la efectividad en la enseñanza que puedan ser aplicados a su papel de profesor ha aprendido?

6

TRABAJO OPTIMALISTA

«Si quieres aumentar tus éxitos, tienes que duplicar tus fracasos.»

Thomas J. Watson

Cuando estaba en la universidad, coincidí con Amy Edmondson, profesora de la Harvard Business School, quien estaba realizando su doctorado. Ambos trabajamos con el profesor Richard Hackman, uno de los estudiosos más brillantes en el campo del comportamiento organizacional. En su investigación, Amy quería demostrar que los empleados del hospital que pertenecían a equipos de trabajo que satisfacían las condiciones de Hackman para el trabajo en equipo efectivo —condiciones como objetivos claros y atractivos y recursos apropiados— tenían menos probabilidades de cometer errores médicos.

Obviamente, se trataba de una investigación relevante, ya que algunas veces los pacientes pueden sufrir algún tipo de daño o incluso morir como consecuencia de errores evitables. Además, las negligencias médicas tienen un coste financiero importante, por los pleitos interpuestos y los costes de los seguros. Tras muchos años de recoger datos, introducirlos y hacer cálculos, Amy llegó a una serie de conclusiones que, como había imaginado, resultaron estadísticamente significativas —aunque no en el sentido en que ella había esperado—: aparentemente, los grupos que satisfacían las condiciones de efectividad de Hackman cometían más errores de lo previsto.

Este resultado iba en contra de décadas de investigación. ¿Qué estaba pasando? ¿Cómo era posible que equipos bien liderados cometieran más errores? Entonces, se dio cuenta de que no era que cometieran más errores, sino que informaban más de ellos.[1]

Amy volvió al hospital para comprobar sus hipótesis revisadas y descubrió que, efectivamente, los equipos que satisfacían las condiciones de Hackman incurrían significativamente en menor número de errores. Como los miembros de los equipos que no se ajustaban a estas condiciones ocultaban sus errores, para el observador externo parecía que incidían en menor número de ellos, cuando, en realidad, cometían más. Sólo cuando estos errores no podían ocultarse —como, por ejemplo, en el caso de la muerte de un paciente—, quedaba patente qué grupos los cometían con mayor frecuencia.

La investigación de Amy cogió el concepto de «aprender a fracasar o fracasar en el aprendizaje» del ámbito individual y lo aplicó a grupos y organizaciones.[2] En un mundo en el que el cambio es la única constante, donde la mejora personal y el aprendizaje organizacional resultan esenciales para la competitividad, el miedo a confesar un error se convierte en una receta segura para el fracaso a largo plazo. Amy descubrió que los equipos bien liderados tenían seguridad psicológica, la confianza de que ningún miembro del equipo sería castigado o ridiculizado si confesaba, pedía ayuda o fracasaba en una tarea específica.[3] Cuando los líderes del equipo crean un clima de seguridad psicológica, cuando los miembros se sienten cómodos «fallando» y pueden compartir sus errores y hablar de ellos, pueden aprender y mejorar. Por el contrario, cuando ocultan las equivocaciones, el aprendizaje es mucho menos probable y la posibilidad de incurrir en error mucho más alta.

Durante los años ochenta, la Jel HaAvir (Fuerza Aérea Israelí) instauró la política de «no culpabilizar» con la intención de animar a los pilotos y a las unidades a confesar sus errores y sus fallos. La eliminación de la amenaza de castigo creó un entorno organizacional seguro que favorecía el aprendizaje. Dicha política se tradujo en un aumento del número de errores declarados, mientras que el de errores reales se redujo considerablemente.

El ejército del aire norteamericano aplica una política similar: no penalizan a los pilotos por sus errores, siempre y cuando los comuniquen en un plazo máximo de veinticuatro horas. No obstante, si se descubre que un piloto ha intentado ocultar alguna falta, es castigado por ello.

APRENDER DEL FRACASO

Al crear un entorno psicológicamente seguro, los líderes de las grandes corporaciones aumentan la probabilidad de que los empleados hagan emerger al optimalista que llevan dentro. Robert Wood Johnson II (también conocido como general Johnson) cogió una pequeña empresa familiar y la transformó en una de las mayores compañías farmacéuticas y de equipamientos médicos del mundo. Johnson & Johnson ha alcanzado un gran éxito, en gran parte porque sus directivos comprenden la importancia de aprender de los errores.

Al principio de su carrera, Jim Burke, el exitoso director general de la compañía durante treinta años hasta su jubilación en el año 1989, comprendió del general Johnson lo importante que era aprender de los errores. Cuando, en una ocasión, Burke desarrolló un producto nuevo que resultó un fiasco total, el general Johnson, quien en aquel momento presidía el consejo de la organización, le requirió en su despacho. Burke esperaba que lo despidiera pero, en su lugar, el general Johnson extendió la mano y le dijo: «Quería darte las gracias. En los negocios hay que tomar decisiones, y si no tomas decisiones, no te equivocas nunca. Lo más difícil de mi trabajo es conseguir que la gente tome decisiones. Si vuelves a tomar la misma decisión equivocada, te despediré. Pero espero que tomes muchas más, y que entiendas que vas a obtener más fracasos que éxitos».

Burke abrazó la misma filosofía cuando se convirtió en director general: «Sin riesgo no hay crecimiento. Una compañía exitosa estará plagada de fracasos». Antes de incorporarse a Johnson & Johnson, Burke había fracasado en otras tres empresas. Al hacer público su fracaso, contando una y otra vez la anécdota de su encuentro con el general Johnson, Burke transmitió un mensaje muy importante a sus empleados.

REFLEXIÓN Piense en un error que haya cometido en una organización en la que haya trabajado o que conozca bien. ¿Qué aprendió de ese error? ¿Qué más podría haber aprendido?

Los buenos directivos pueden convertirse en excelentes si se dan permiso, a ellos y a los demás, para cometer errores y aprender de ellos. Típicamente, sin embargo, cuando leemos sobre estos líderes corporativos, comprobamos que hablan mucho de sus éxitos y muy poco (o nada) de los muchos errores que han pavimentado su camino hacia ese éxito. Del mismo modo que muy poca gente sabe el récord de *strikeouts* de *Babe*

Ruth o las veces que Michael Jordan ha fallado un lanzamiento decisivo, muy poca gente conoce los errores que ha cometido el innovador fundador del grupo Virgin, Richard Branson, o la valiente directora del *Washington Post*, Katherine Graham, o el ingenioso primer ejecutivo de Time Warner, Richard Parsons, o el legendario presidente de IBM, Thomas Watson.

Muchos líderes o aspirantes a líderes creen, erróneamente, que el camino al éxito de sus *role models* ha estado exento de fracasos o errores. Al tratar de emular a sus héroes, hacen todo lo posible por evitar u ocultar sus propios errores o fracasos. No se arriesgan (eliminando la posibilidad de aprender del fracaso) y se ponen extremadamente a la defensiva (eliminando la posibilidad de aprender del *feedback*). Mantener la apariencia de perfección es más importante que aprender y crecer.

Sidney Finkelstein, que ha estudiado los errores empresariales más importantes de más de cincuenta organizaciones, dice: «Irónicamente, cuanto más alta está una persona en la jerarquía directiva, mayor es su tendencia a complementar su perfeccionismo con excusas, siendo los peores los directores generales. Por ejemplo, en una organización que estudiamos, el director general se pasó los cuarenta y cinco minutos que duró la entrevista hablando de los motivos por los que había que culpar a los demás de las calamidades que afectaban a su compañía. Administradores, clientes, el gobierno e incluso otros ejecutivos de la empresa; todos eran responsables. No hizo ninguna mención, sin embargo, a la culpabilidad personal».[4]

Esta actitud de los líderes empresariales es muy negativa; en primer lugar, porque los empleados siguen el ejemplo del jefe, y valoran en mayor medida lo que hace que lo que dice. Si un directivo nunca admite el fracaso o nunca aprende de sus errores, lo más probable es que cuando diga a sus empleados que lo hagan, sus palabras caigan en saco roto. En segundo lugar, porque este comportamiento no hace más que exacerbar lo que Daniel Goleman denomina «enfermedad del director general»: el vacío de información que se crea en torno a un líder cuando le ocultan información importante (y a menudo desagradable).[5]

La enfermedad del director general es bastante común entre las organizaciones. El consultor de gestión Tom Peters dice que «a los directivos les ocultan la mayoría de las malas noticias», particularmente si los empleados saben que el jefe recibe las malas noticias con resistencia, con excusas o, lo peor de todo, sacrificando al mensajero.

La reticencia de los subordinados a dar *feedback* a sus superiores los priva de uno de los recursos de desarrollo más importantes. Tradicionalmente, el jefe realizaba comentarios sobre el rendimiento de sus empleados; hoy en día, el directivo suele sentirse más cómodo cuando el *feedback*, especialmente el negativo, fluye de arriba a abajo que cuando lo hace en la otra dirección.

En realidad, la valoración que los empleados hacen de su jefe suele resultar más precisa y un mejor indicador del éxito a largo plazo que la valoración que el jefe hace de sus subordinados.[6] Como han dicho muchas veces Jack Welch, Bill George, Anita Roddick y otros líderes exitosos, la capacidad de afrontar la realidad es una de las características que destacan a los individuos y las compañías exitosas. Cuando la información en manos de los empleados no alcanza los niveles más altos, la dirección sale perdiendo, y la organización, también.

Si un directivo se muestra duro e irrespetuoso hacia sus empleados, éstos, de forma natural, serán reacios a hablar. No obstante, muchas veces no basta con ser agradable y respetuoso. Para vacunar a la organización contra la enfermedad del director general, el líder debe solicitar *feedback* de forma consistente, recompensar la honestidad de forma generosa y asegurarse de que los portadores de malas noticias sean tratados al menos tan bien como los que comunicaron buenas nuevas. Los líderes, tanto de empresa como de otro tipo, tienen que crear un entorno en el que no sólo exista el derecho a dar las noticias que nadie quiere oír, sino que, además, se anime a hacerlo activamente.

REFLEXIÓN ¿Conoce a algún líder que haya creado un entorno que favorezca el aprendizaje a partir de los errores? ¿Cuáles son algunas de las actitudes concretas de este líder?

Aprender de los errores resulta más sencillo de decir que de hacer. En su trabajo sobre el aprendizaje organizacional, Mark Cannon y Amy Edmondson demuestran que, si bien muchas organizaciones otorgan importancia al aprendizaje a partir de los errores, muy pocas lo ponen realmente en práctica.[7] Esto se debe a que normalmente prefieren priorizar su buena imagen a hacer las cosas del modo correcto (asumir los propios errores y aprender de ellos). Cannon y Edmondson sugieren superar el miedo al fracaso replanteándonos la forma de ver los errores: «Como seres humanos, nos han educado para distanciarnos de los errores. Replantearnos el fracaso para verlo no como algo asociado a la vergüenza y a la debilidad, sino como algo inherente al riesgo, a la incertidumbre y a la mejora, es un primer paso fundamental en el camino del aprendizaje». El líder que es capaz de cambiar la visión que los miembros de su organización tienen del fracaso se encuentra en el buen camino para crear una organización de aprendizaje, una organización adaptativa, competitiva y fuerte y un lugar agradable donde trabajar.

PERFECCIONISMO Y MICROGESTIÓN

En uno de los trabajos más reveladores que se han realizado sobre el perfeccionismo y el rendimiento laboral, Robert Hurley y James Ryman distinguen entre perfeccionistas aprensivos y perfeccionistas sanos.[8] El perfeccionista aprensivo se mueve principalmente por el miedo a cometer errores o a no ser capaz de satisfacer sus expectativas (o las que los demás tienen de él). Su principal motivación consiste en evitar el fracaso y «juega a no perder». Al perfeccionista sano, que yo denomino optimalista, tampoco le gusta fracasar, pero reconoce que, como todo el mundo, no es infalible y que el fracaso constituye una magnífica oportunidad de aprendizaje. Su principal motivación es alcanzar la excelencia y «juega a ganar».

El rendimiento y la satisfacción laboral del perfeccionista aprensivo se resienten, así como la de sus empleados. El comportamiento más común que muestra el perfeccionista aprensivo es el de la microgestión, que consiste en el intento de eliminar la posibilidad de errores entre sus empleados.

Obviamente, hay veces que al directivo no le queda más remedio que examinar muy de cerca el trabajo de los empleados. Por ejemplo, preparar un informe exhaustivo sobre los inversores potenciales que podrían determinar el futuro de la organización es importante, y el directivo responsable debería comprobar y volver a comprobar si los que han elaborado el informe han cometido algún error. Pero cuando, independientemente de la importancia del proyecto, el directivo examina todas las acciones de los empleados con la excusa de «asegurarse» o de la «práctica responsable», entonces hay un problema.

Saber cuándo ejercer el control y cuándo delegarlo es la marca de un directivo optimalista. Aunque, lamentablemente, no existe una fórmula exacta, un buen consejo que seguir es que se debería ejercer todo el control necesario y, a la vez, el menor control posible. Contrariamente a lo que cree el perfeccionista, no todos los fallos son iguales. En situaciones en las que las consecuencias de un rendimiento imperfecto son relativamente inocuas, se recomienda relajar al máximo el control directivo. De este modo, crearemos el marco ideal para que los subordinados trabajen por su cuenta y puedan asumir riesgos reales. Si los subordinados salen airosos de la situación, madurarán, puesto que desarrollarán la confianza en sí mismos. Si fracasan, también madurarán, ya que aprenderán sin que la organización se vea demasiado perjudicada en el proceso. Además, los subordinados, especialmente los más competentes, pueden llegar a abandonar su puesto de trabajo si perciben que están siendo microgestionados innecesariamente. El directivo perfeccionista saldrá perdiendo, así como sus empleados y su organización: los mejores se irán, y los que se queden no aprenderán.

TRABAJAR DURO, TRABAJAR BIEN

Una de las consecuencias del perfeccionismo insano al que apuntan Hurley y Ryman es la posibilidad de quemarse o síndrome de *burnout*, un fenómeno familiar para muchos perfeccionistas entre los que me incluyo. Desde que tengo uso de razón, sé que en el trabajo duro se encuentra la clave del éxito. Las dos frases que tengo grabadas en la mente son: «Nada sustituye al trabajo duro» (atribuida a Thomas Edison) y «Cuanto más duro trabaje, más suerte tendré» (atribuida a Thomas Jefferson).

Cuando jugaba a *squash*, algunas veces mis contrincantes comentaban a mi espalda que de haber entrenado tanto como yo, podrían haber ganado el campeonato. Era el mejor cumplido que me podían lanzar (a pesar de que normalmente no tenían intención de hacerlo) porque, seguramente, tenían razón.

Sin embargo, el perfeccionista en mi interior algunas veces ha llevado el lema del trabajo duro demasiado lejos, o más bien en la dirección equivocada. Durante muchos años, me apoyé emocionalmente en otra cita, que hizo célebre el gobernador de California cuando todavía era Terminator: «Soy una máquina». Como deportista, me halagaba que los aficionados al *squash* advirtieran que entrenaba y jugaba como una máquina bien engrasada; mi método de juego era riguroso y sistemático, era trabajador y disciplinado, raramente mostraba algún tipo de emoción en la pista, y por cansado que estuviera, nunca dejaba que mi oponente lo advirtiera. Normalmente, ese método me funcionó bastante bien, pero me costó muy caro aplicarlo indiscriminadamente. Consistencia y resistencia son importantes para el éxito, pero aspirar a tener las cualidades de una máquina cuando están en juego las emociones —ignorar los sentimientos y las necesidades— conduce directamente a la infelicidad y, en último término, al fracaso. El estrés constante que experimentaba cuando jugaba a *squash*, lo quemado que me sentía en forma de pérdida de motivación y de fuerzas, las lesiones que eventualmente acabaron con mi carrera..., todo fue producto del enfoque perfeccionista, de querer ser como una máquina.

En los años sesenta, el australiano Derek Clayton era uno de los corredores de maratón menos dotados del mundo. Con metro ochenta y ocho de altura y una capacidad pulmonar relativamente baja, su constitución era todo menos ideal para correr largas distancias. No obstante, logró superar sus atributos físicos imperfectos entrenando más que nadie, corriendo hasta 258 kilómetros a la semana. Si bien inicialmente su régimen estricto produjo frutos, al final tocó techo, alcanzando lo que parecía ser el límite de su potencial natural. Con una marca personal de más de dos horas y diecisiete minutos, más de cinco minutos por encima del récord del mundo, no podía competir con los mejores corredores de su generación. Llegado a cierto punto, entrenar más, correr más kilómetros no suponía ninguna mejora en su resultado. Sin embargo, le produjo varias lesiones. Cuando estaba preparándose para la maratón de 1967 de Fukuoka (Japón), Clayton se vio obligado a tomarse un mes de baja en sus entrenamientos para recuperarse de una lesión. Preocupado porque su buena racha se viera interrumpida por su lesión, decidió correr la maratón japonesa como parte de su preparación para la carrera siguiente. Para su sorpresa y la de todo el mundo, tras un mes entero de no entrenar, Clayton superó su propio récord personal en más de ocho minutos, convirtiéndose en el primero de la historia en completar una maratón en menos de dos horas y diez minutos. En 1969 volvió a lesionarse, en esta ocasión cuando estaba preparándose para la maratón de Amberes. Tras su período de inactividad forzosa, Clayton volvió a superar su marca personal y mundial, deteniendo el cronómetro a las dos horas, ocho minutos, treinta y tres segundos. Este récord se mantuvo durante doce años.

La historia de Clayton y otras como la suya ponen de manifiesto la importancia de la recuperación. Actualmente, resulta muy difícil encontrar un entrenador o atleta que no se tome la necesidad de descansar tan en serio como la de un entrenamiento intensivo. Lamentablemente, esta concienciación no se ha producido en el lugar de trabajo. Los empleados tenaces no se conforman con nada más que con trabajo seguido de más trabajo. Los directivos exigentes esperan que sus equipos funcionen como máquinas y que sus empleados estén accesibles por correo electrónico o por teléfono los fines de semana y en vacaciones. Además, muchas veces los empleados internalizan las expectativas de sus superiores; se sienten culpables si no están en la oficina los fines de semana e interrumpen sus vacaciones para revisar su correo electrónico obsesivamente y para asegurarse de que todo va bien en su ausencia.

En su trabajo sobre «atletas corporativos», Jim Loehr y Tony Schwartz demuestran que para rendir al máximo en el terreno de juego o en la oficina hay que tener en cuenta las necesidades humanas, concretamente la necesidad de recuperación.[9] Si esta necesidad no se satisface, tanto los empleados individuales como el conjunto de la organización se resentirán. Como afirman Loehr y Schwartz: «Los ejecutivos tienen que aprender lo que los atletas de élite ya saben: que recuperar la energía es tan importante como gastarla».

RECUPERACIÓN

Clayton era un perfeccionista y creía que cuanto más trabajara, mejores serían sus resultados. Pero entonces las lesiones físicas lo obligaron, en contra de su voluntad, a comportarse como un optimalista. A regañadientes, tuvo que tomarse un tiempo para recuperarse —y realizar su potencial—. En el ámbito psicológico, las lesiones se producen en forma de daño emocional; el letargo, la ansiedad o la depresión indican que necesitamos un tiempo para recuperarnos. Estas señales, a diferencia de las lesiones físicas, son más sutiles y difíciles de advertir. Y no resulta extraño que una persona siga trabajando igual de duro, o incluso más, a pesar de que su mente y su corazón le estén suplicando un descanso.

Las señales emocionales se pueden velar o eliminar con drogas. Ingerir un poco de cafeína a las tres de la tarde para recuperar la energía puede resultar de ayuda, siempre y cuando no exista la opción de la siesta; pero contar con la cafeína de forma sistemática para mantenerse despierto porque sólo se duerme una media de tres o cuatro horas al día es física y psicológicamente insano. De forma parecida, la nicotina, el alcohol y otras sustancias relajantes no se pueden consumir como sustitutivos de una relajación natural, respirando profundamente o haciendo ejercicio. La medicación psiquiátrica resulta necesaria en ciertos casos, aunque no en aquellos en que las emociones negativas son simplemente el resultado de haber trabajado hasta la extenuación. Las emociones negativas constituyen el sistema de alarma natural del cuerpo y si no se tienen en cuenta, se corre un grave peligro.

El descanso inadecuado no es, evidentemente, la única causa del letargo, la ansiedad o la depresión; el mundo en el que vivimos también es una causa muy importante. El trabajo duro, en sí mismo, no es nocivo. Trabajar muchas horas esforzándose mucho puede ser beneficioso, siempre y cuando el tiempo empleado en la oficina no sea a expensas de tener que sacrificar otras actividades que podrían rendirnos más felices. El problema del mundo corporativo actual, y de otros ámbitos, no reside en que se trabaja muy duro, sino en que la recuperación es insuficiente.

RECUPERACIÓN A VARIOS NIVELES

Un robot no se deprimirá ni tendrá ansiedad, no se cansará o se lesionará. Puede que necesite algún ajuste de vez en cuando, una batería o piezas de recambio, pero, en general, no necesitará mucho mantenimiento. Ahora imagínese un robot —un ordenador, un coche o un aparato de televisión— que tuviera que pararse cada dos horas, que tuviera que desconectarse cada ciclo de veinticuatro horas, que tuviera que cargarse cada cinco o seis días de ciclo completo. Ah, y lo peor de todo, que cada año necesitara de dos a cuatro semanas de inactividad. Una máquina perezosa, pero también un ser humano real, a pleno rendimiento.

Según Loehr y Schwartz, tenemos que cambiar la metáfora que actualmente utilizamos para describir nuestra forma de trabajar. No hay que pensar en el empleado como en un corredor de maratón que trabaja mucho y durante muchas horas hasta que cae rendido, sino como en un velocista que alterna trabajo intensivo y recuperación. Esta nueva metáfora se tiene que aplicar a los niveles micro, medio y macro de la recuperación.

A nivel micro, en lugar de intentar llevarnos al límite de trabajar hasta catorce horas con muy poco descanso (a modo del corredor de maratón), debemos alternar trabajo y descanso: noventa minutos más o menos de trabajo intensivo seguidos de al menos quince minutos de recuperación total.

La recuperación se puede hacer en forma de meditación, ejercicio, escuchar música, estar con la familia o los amigos, una comida tranquila, dar una vuelta a la manzana, charlar con los compañeros de trabajo o hacer cualquier cosa que nos guste y nos relaje. Tanto si la jornada de trabajo comprende seis como dieciséis horas, se debe interrumpir con pausas regulares.

Mucha gente, si no siente demasiado cansancio, es capaz de mantener la intensidad de su ritmo de trabajo entre una y dos horas. Después, su rendimiento cae y obtiene significativamente menos de su esfuerzo. Realizar una pausa permite recargar los niveles de energía y volver a mantener la intensidad del esfuerzo. No hace falta decir, sin embargo, que el ciclo de noventa minutos de concentración en el trabajo y quince minutos de descanso no se puede prolongar indefinidamente y que, de vez en cuando, se debe realizar una pausa más larga.

La recuperación de nivel medio incluye sueño adecuado, que para muchos significa entre siete y nueve horas en cada período de veinticuatro horas. Si nos privamos del sueño de forma regular y en su lugar recurrimos a estimulantes químicos para mantenernos despiertos, nuestra creatividad y productividad se resentirán fuertemente, y aumentará el riesgo de sufrir depresión y ansiedad. Un día de descanso semanal es fundamental para la recuperación. ¡Hasta Dios necesitó un día de descanso! De hecho, los que descansan de su trabajo un día a la semana dicen ser más creativos y productivos el resto de la semana.

La recuperación a nivel macro consiste en hacer vacaciones —entre una semana y un mes al menos una vez al año—. Si bien algunas personas se sienten culpables de no trabajar, se debe considerar que, de vez en cuando, el descanso y la relajación pueden convertirse en una buena inversión. La creatividad y las mejores ideas surgen cuando introducimos espacio en nuestras apretadas agendas: la conexión entre recreo y creación no es únicamente etimológica. En general, somos más productivos, ya que el tiempo libre recarga nuestras pilas. Unas vacaciones largas una vez al año o, mejor aún, unas vacaciones ligeramente más cortas cada seis meses resultan muy beneficiosas no sólo para sacar el máximo partido a nuestro potencial, sino también para mantener nuestro bienestar físico y psicológico.

Como J. P. Morgan afirmó en una ocasión: «Puedo hacer el trabajo de un año en nueve meses, pero no en doce».

Esto no significa que no puedan darse períodos difíciles en los que tengamos días, semanas o incluso meses maratonianos. El nacimiento de un hijo, por ejemplo, implica un período de intensidad en el que la recuperación se convierte en un bien escaso. De vez en cuando, en nuestro trabajo pueden surgir dificultades especiales que requieran un esfuerzo adicional de nuestra parte. Nuestros cuerpos y mentes fueron creados para superar estos períodos, en el trabajo o en nuestras vidas personales, siempre y cuando tengamos la oportunidad de recuperarnos cuando finalice la maratón.

Mucha gente se pregunta por qué, a pesar del aumento de los niveles de afluencia material, los niveles de depresión y ansiedad son mucho más altos que hace treinta o cuarenta años. Uno de los motivos reside simplemente en que existe un mayor conocimiento de las enfermedades y los trastornos mentales; hoy en día se diagnostican desórdenes que unas décadas atrás hubieran pasado totalmente inadvertidos. Pero eso no es todo. El aumento de los índices de suicidio en el mundo ilustra claramente un aumento en el número de personas con problemas de salud mental. Uno de los motivos más importantes es que llevamos unas vidas mucho más agitadas, y las oportunidades de recuperación se reducen considerablemente.

Cuando era pequeño, recuerdo que mis padres invitaban a sus amigos los fines de semana y ocasionalmente entre semana. Se sentaban y charlaban, cenaban, se relajaban y reían. Actualmente, mis amigos y yo nos reunimos con mucha menos frecuencia, y cuando lo hacemos, estamos pendientes del teléfono y del correo electrónico, generalmente distraídos e inquietos. Y pagamos un precio, porque, en lugar de recuperarnos, nos estresamos todavía más.

Tenemos una necesidad primaria de placer y recreo, pero, como seres humanos con voluntad, podemos decidir ignorar esta necesidad, vencer nuestros instintos e ir en contra de nuestra naturaleza.

Nos convencemos de que podemos presionarnos sin límite, que, del mismo modo que la ciencia cada vez produce máquinas mejores, más rápidas y más fiables, nosotros también podemos mejorar nuestras habilidades modificando nuestra naturaleza. Fieles a la visión ilimitada de la naturaleza humana, nos entrenamos para necesitar menos tiempo de inactividad —para dormir menos, descansar menos, parar menos— para hacer más y forzar nuestras limitaciones. Pero, nos guste o no, todos tenemos nuestros límites y si seguimos violando las exigencias de la naturaleza, abusando de nosotros, sufriremos las consecuencias en nuestra propia piel —como individuos y como sociedad.

El aumento del nivel de problemas mentales combinado con la mejora de la medicación psiquiátrica está empujándonos hacia un nuevo mundo peligroso. Para invertir la dirección, en lugar de atender a publicistas que prometen la droga milagrosa, la píldora mágica que mejorará nuestro rendimiento y nuestro estado de ánimo, tenemos que escuchar a nuestra naturaleza y redescubrir sus maravillas. Debidamente, la recuperación regular, a niveles micro, medio y macro, puede efectuar el trabajo de la medicina psiquiátrica de una forma totalmente natural.

La introducción de la recuperación en todos los aspectos de mi vida ha transformado mi experiencia. En cuatro o cinco sesiones intensivas de hora y media, seguidas de un mínimo de quince minutos de recuperación, he conseguido hacer lo mismo que antes hacía en un día maratoniano de doce horas. Cogerme una jornada libre a la semana aumenta mi productividad. Y finalmente, he conseguido ver las vacaciones como algo agradable y, al mismo tiempo, como una buena inversión. Actualmente, como velocista, hago el mismo trabajo que antes como corredor de maratón, en mucho menos tiempo y con mucha más energía y emociones positivas. Paso más tiempo con mi familia y amigos, y cuando lo hago, estoy más presente. No tiene ningún secreto; simplemente, presto más atención a mis necesidades humanas.

Ahora me voy a detener para meditar. Le sugiero que usted también haga una pausa, ¿tal vez para una reflexión?

REFLEXIÓN ¿Dedica la cantidad de tiempo suficiente a la recuperación? ¿Hace bastantes pausas a lo largo del día? ¿Duerme lo suficiente cada noche? ¿Se toma un día libre a la semana? ¿Cuándo fueron sus últimas vacaciones? ¿Cuándo va a hacer las próximas?

En mi opinión, la investigación más importante y excitante en el área del comportamiento organizacional es la que analiza cómo convergen la satisfacción y el rendimiento laboral. Lo cierto es que no siempre convergen: los empleados más felices no necesariamente son los mejores. No obstante, por lo que hace referencia al perfeccionismo, la investigación es muy clara: la felicidad y el éxito van de la mano. En otras palabras, los optimalistas no sólo están más satisfechos con su trabajo, sino que, además, suelen rendir a niveles más altos que los perfeccionistas.

Un directivo puede esforzarse en animar y hacer emerger al optimalista que sus empleados llevan dentro. Crear un entorno psicológicamente seguro favorece y fomenta el aprendizaje y, por lo tanto, se produce un rendimiento mayor que en un entorno en el que los empleados temen hablar de sus errores o fracasos. Instituir períodos de descanso regulares no sólo contribuye a la salud psicológica, sino que también ayuda a rendir más.

A mí me parece muy conveniente.

EJERCICIO

Aprender de tu mejor pasado

Escriba sobre un período (comprendido entre un mes y un año) en el que le haya ido muy bien en su trabajo, durante el cual, en comparación con otros períodos, se haya sentido más satisfecho, productivo y creativo. Si no ha trabajado durante el tiempo suficiente o no puede pensar en un período de ese tipo, escriba sobre otro momento en el que le haya ido muy bien (en el colegio, por ejemplo).

¿Qué hubo en ese período que provocó que le fuera tan bien? ¿Qué tipo de recuperación realizó? ¿Con quién trabajó? Más importante, ¿qué puede aprender de lo que hizo entonces, y cómo puede aplicarlo a lo que hace o hará ahora o en el futuro?

Cuando escriba, enumere las medidas que podría tomar para trabajar con personas o en situaciones que sean capaces de sacar lo mejor de usted. En su agenda, anote sesiones de recuperación en forma de clases de gimnasia regulares, salidas con amigos y vacaciones más largas con su familia.

Del mismo modo que se ha fijado en sus experiencias, fíjese en las de otras personas, en el trabajo o en otro sitio. Piense qué puede aprender de esas personas, en términos de lo que quiere hacer y de cómo quiere ser, así como en términos de lo que le gustaría evitar.

7

AMOR ÓPTIMO

«El curso del verdadero amor nunca se ejecutó sin problemas.»

William Shakespeare

A estas alturas del libro, en que he compartido muchas cosas con el lector, me gustaría abrirme un poco más y confesar que mi canción favorita es *I Will Always Love You,* de Whitney Houston, seguida muy de cerca por *Let's Talk About Love,* de Celine Dion. De mis diez canciones favoritas de todos los tiempos, ocho son canciones de amor (la novena sinfonía de Beethoven y *I Hope You Dance,* de Lee Ann Womack, también consiguieron un lugar en la lista). Me encanta el amor. Mientras pueda respirar y ver, me conmoverán las palabras de devoción de Shakespeare y me mantendré despierto, sin dormir, en Cambridge, viendo a Meg Ryan y a Tom Hanks juntos en *Algo para recordar.*

Como mucha gente, aprendí sobre el romance de mis canciones, poemas, películas y libros de autoayuda favoritos. Y si bien no hay que ser un estudioso de las relaciones humanas para saber que «el amor es la respuesta», encontrar la respuesta a la pregunta «¿Qué es el verdadero amor?» requiere algo más que tener ritmo. Requiere lógica.

Con la mejor de las intenciones, algunos poetas, cantautores, directores de cine y gurús de las relaciones nos han llevado por el mal camino. Han descrito el amor como algo dulce, seductor, agradable y atractivo. El problema es que esta imagen no refleja la realidad y puede ser potencialmente dañina. A continuación se transcribe un extracto de un libro de uno de los autores del género de autoayuda más importantes del siglo XX:

«El amor perfecto es insólito, para ser un buen amante tienes que tener la sutileza de los muy sabios, la flexibilidad del niño, la sensibilidad del artista, el conocimiento del filósofo, la aceptación del santo, la tolerancia del estudioso y la fortaleza del que está seguro».[1]

Este bonito pasaje recoge la esencia de las palabras que se han escrito sobre el amor, que se han pronunciado sobre la pasión y que se han cantado sobre el deseo. Qué bonitas, ¡y qué dañinas! Porque en realidad, el amor perfecto no es que sea extraño: es que no existe. Creer en la ilusión de que sí existe puede ocasionar tres consecuencias: en primer lugar, puede que nunca encontremos pareja por estar siempre esperando a esa persona perfecta que tenga la flexibilidad de un niño, la sensibilidad de un artista...; en segundo lugar, puede que decidamos iniciar una relación con una persona que no tenga las cualidades de un santo o de un filósofo, pensando que es la adecuada, pero que sigamos buscando, conscientemente o no, a la persona perfecta; por último, puede hacernos creer que hemos encontrado a la pareja perfecta y acabar sintiendo una profunda decepción y frustración al descubrir sus defectos, que inevitablemente tendrá.

Sin duda hay un lugar, incluso una necesidad, para el que la escritura, la poesía, la música y las películas podrán describir la santidad y la belleza. No tengo ninguna duda de que habrá más gente que hará el amor después de ver *Orgullo y prejuicio* o *Titanic* que después de ver *Padre de familia o Matrimonio con hijos.*

Y, evidentemente, me negaría a renunciar al 85 por ciento de mi colección de CD basándome en la premisa de que las canciones son demasiado románticas o que no constituyen una verdadera representación del amor verdadero. Lo difícil es aceptar que el arte no siempre refleja la vida fielmente, que nuestra habitación tendrá un aspecto distinto —tal vez ligeramente, tal vez mucho, pero siempre distinto— de las que salen en las películas, en las que la ropa está perfectamente ordenada y mantiene la forma de los perfectos cuerpos de los protagonistas. Si bien es cierto que en el camino de la habitación que aparece en la película al de nuestra habitación se puede perder algo, resulta igualmente cierto que también se puede ganar mucho más. Como dicen las canciones, el cine, los libros y los poemas, lo que necesitamos es amor, sólo que un amor más verdadero.

AMOR VERDADERO

Llega un momento en el curso de las relaciones largas en que nos damos cuenta de que nuestra pareja no es el regalo perfecto de Dios a la humanidad. Inevitablemente, tarde o temprano, nuestra media naranja acaba dándose cuenta de lo mismo. De pronto advertimos por primera vez sus defectos e imperfecciones, no en el sentido superficial de percibir estos defectos como algo gracioso o atractivo, sino en un sentido profundo y algunas veces problemático. Por ejemplo, podemos advertir que nuestra pareja tiene unos estadillos de rabia que no habíamos apreciado antes o que es bastante inseguro o ansioso o que tiene tendencia a la inconsistencia y a la falta de integridad. Y a pesar de que, en teoría, todos sabemos y aceptamos que nadie es perfecto, afrontar la realidad de que nuestra pareja no es una excepción a esta regla puede ser impactante y terrible.

Este tipo de realización es muy similar a la que experimentan los niños cuando se dan cuenta de que sus padres son humanos —y, por lo tanto, imperfectos— y, de pronto, se sienten más solos e inseguros en el mundo. En ese momento puede surgir una persona, una pareja, y pasar a ocupar el lugar de su padre «perfecto».

Pero la eventual e inevitable falta de perfección de la pareja —cuando se ponen de manifiesto sus imperfecciones— puede ser más devastadora que reconocer que los padres son humanos. Aparte de sentirnos más solos e inseguros, puede que nuestro criterio se vea afectado, al comprender que la pareja no es lo que pensábamos —esta vez, a diferencia de nuestra experiencia anterior con nuestros padres, sin la excusa de la inocencia infantil—. Se nos rompe el corazón y, peor aún, nuestras ilusiones tranquilizadoras.

Lo que acontece en el momento en que uno de los miembros de la relación (o los dos) despierta de la ilusión del amor perfecto es una crisis de confianza, una falta de confianza en el criterio de uno mismo, en el criterio de la pareja, y en el futuro del vínculo. La crisis puede significar bien el principio del fin del sentimiento mutuo o el principio del amor verdadero. De una forma u otra, la relación cambia. Se transforma y ya nunca vuelve a ser la misma.

Si bien no todas las uniones sentimentales se pueden o se deben mantener y si bien no todas las parejas son compatibles, la disolución o el deterioro de muchas relaciones se puede evitar. Para aprovechar todo el potencial de la relación, hay que aceptar que tanto la pareja como la relación tienen sus fallos. No hace falta decir que admitir estos defectos no significa resignarse a ellos; la voluntad de ambas partes por corregir sus imperfecciones es un requisito primordial para una relación floreciente. La mejor forma de afrontarlo es mediante una aceptación activa, lo que significa que previamente al trabajo de corrección y mejora, hay que aceptar la existencia de las imperfecciones.

El perfeccionista que se ha visto obligado a reconocer que su pareja tiene defectos puede pasar de una visión irreal extrema (de que su pareja es perfecta) a una visión igual de extrema e irreal (de que su pareja es totalmente imperfecta). Cuando, por ejemplo, un perfeccionista se da cuenta de que su cónyuge es celosa, su percepción de ella puede cambiar radicalmente, algunas veces instantáneamente, y pasar de mostrarse cariñoso y afectuoso a mostrarse obsesivo y agobiante.

Cuando se aceptan las imperfecciones humanas como una realidad de la vida, que es lo que hace el optimalista, se crea el espacio dentro del cual tienen cabida los matices y las complejidades que forman parte de cualquier relación.

Las expectativas que tenemos de nuestra pareja y la promesa de que el amor perdurará son importantes para crear una unión próspera. Al mismo tiempo, las expectativas tienen que ser realistas o acabarán produciendo decepción y frustración. Si bien es agradable —incluso exaltante— que tu pareja te admire como si fueras la personificación de la perfección, resulta un alivio que no te idolatre. Obviamente, esta sensación de alivio sólo se consigue si la pérdida de la ilusión se ve reemplazada por la aceptación. Esto no se producirá al momento, aunque la aceptación debe aparecer para que la relación prospere. La aceptación no supone una llamada a la mediocridad, al compromiso, sino más bien un prerrequisito para conseguir el éxito óptimo y la felicidad tanto a nivel personal como interpersonal.

REFLEXIÓN ¿Acepta los defectos de su pareja? ¿Hay algún defecto que le resulte difícil aceptar? De ser así, ¿guarda relación con defectos suyos que no acepta?

El impacto del perfeccionismo se produce incluso antes del inicio de una relación. El temor al fracaso del perfeccionista —manifestado en el contexto de las relaciones románticas en el miedo al rechazo— no le permite iniciar relaciones ni dar el primer paso si no está muy seguro de que sus intereses vayan a ser correspondidos. Al perfeccionista no sólo le preocupa el rechazo, sino que además tiene unas expectativas irrealistas de los posibles candidatos. La mentalidad del todo o nada magnifica hasta la más mínima imperfección e impide que las posibles relaciones lleguen a iniciarse. Luego, si la relación arranca, cada contratiempo, cada desacuerdo, cada conflicto se dramatiza y se vive como una amenaza para la relación.

Y VIVIERON FELIZMENTE PELEADOS PARA SIEMPRE...

En muchas películas románticas, los protagonistas discuten y se pelean —algo necesario para mantener la atención de la audiencia— pero, después de noventa minutos aproximadamente, acaban resolviendo sus diferencias, se besan apasionadamente y a partir de ese momento (o eso es lo que nos hacen creer), en el que navegan tranquilamente bajo la puesta del sol, viven felices para siempre. Les ocurrió al señor y a la señora Smith, a Katherine Hepburn y Spencer Tracy en repetidas ocasiones, e incluso Wall-E y Eva nos enseñaron qué era el amor verdadero.

Obviamente, esto es justo lo contrario a lo que suele ocurrir en la vida real. Las primeras etapas de una relación —noviazgo, matrimonio, luna de miel— suelen estar libres de conflictos. Pero más tarde, si la pareja continúa, aparece el conflicto. Para muchos, el conflicto dentro de una relación significa que la propia relación tiene problemas: la armonía perfecta —la ausencia de conflicto— se considera la norma y hay que esforzarse por conseguirla. El perfeccionista cree que las primeras fases de la relación se tienen que utilizar para limar las posibles asperezas, para preparar el camino, como en las películas. Del mismo modo que el perfeccionista espera que su pareja no tenga defectos, también espera que la relación esté libre de conflictos.

Pero la realidad es que el conflicto no sólo es inevitable, sino que además es fundamental para conseguir un vínculo a largo plazo. El psicólogo John Gottman, que durante muchos años se ha dedicado a investigar tanto relaciones prósperas como fallidas, ha demostrado que las parejas con uniones a largo plazo muestran un ratio de acontecimientos positivos-negativos de cinco a uno.[2] Por cada expresión de rabia o crítica u hostilidad, se dan cinco situaciones en las que la pareja actúa con amabilidad, muestra empatía, hace el amor, expresa interés o afecto mutuo.

Si bien Gottman descubrió que el medio dorado de Aristóteles se situaba en torno al ratio de cinco a uno, hay que tener en cuenta que el ratio es una media de muchas relaciones. Hay relaciones exitosas en las que el ratio es de tres a uno, y otras en las que es de diez a uno. Las conclusiones más importantes de la investigación de Gottman consisten, en primer lugar, en que cierta negatividad es vital y, en segundo lugar, en que es fundamental que haya más positividad que negatividad. Poco o ningún conflicto en una relación indica que la pareja no trata temas y diferencias importantes. Teniendo en cuenta que no existe ninguna persona o pareja perfecta, la ausencia de conflicto indica que la pareja está evitando los problemas, que huye de las confrontaciones en lugar de aprender de ellas. Al mismo tiempo, si bien el conflicto es importante, las relaciones en las que no se produce significativamente más amabilidad y afecto que dureza y rabia se consideran insanas.

Otro elemento en el que hace hincapié Gottman es que no todos los conflictos son iguales. Algunas parejas son tranquilas y nunca levantan la voz, mientras que otras son muy efervescentes; en el caso de las primeras, una expresión o gesto de decepción puede ser una manifestación de negatividad, mientras que las segundas pueden mostrar su desacuerdo gesticulando exageradamente y lanzando platos por toda la habitación. Las relaciones a largo plazo que entran dentro de estas categorías pueden prosperar, siempre y cuando los miembros de la pareja sean capaces de separar la persona del comportamiento. Es tan importante diferenciarlos en el salón o en el dormitorio como en el aula o en la sala de juntas.

Si en el fondo de la relación hay una aceptación incondicional, resulta muy beneficioso que las parejas se cuestionen sus palabras y comportamientos.

Gottman descubrió que el aspecto más destructivo para una relación lo constituía la hostilidad —el ataque a la persona—, ya sea en forma de insultos, sarcasmo pernicioso u otras formas de minimizar al otro. Decirle a tu pareja que es un desconsiderado asqueroso es un ataque a su persona; decirle lo mucho que te molesta entrar en la cocina y que huela mal después de haber acordado que bajaría la basura supone concentrarse en el comportamiento.

Sin embargo, cada vez existen más parejas que discuten en público. Influidas por la cultura de los *reality shows* que han llevado el voyeurismo a la televisión durante las franjas de mayor audiencia, muchas parejas se sienten cómodas aireando sus trapos sucios en público. Las discusiones, cuando son manifiestas, añaden humillación a la ecuación, avergonzando no sólo a la persona que está siendo reprendida, sino también a los que se ven obligados a presenciar la interacción. Esencialmente, lo que una relación necesita es respeto y buena educación.

El consejo que Gottman da a las parejas, aparte de que se esfuercen por conseguir niveles más altos de respeto y aceptación, es que acentúen los aspectos positivos de la relación. La acentuación de lo positivo no implica, necesariamente, un cambio obligatorio y una transformación radical. Del mismo modo que el arquitecto Ludwig Mies van der Rohe afirmó en una ocasión: «Dios está en los detalles», los que han investigado las relaciones también han demostrado que el amor se halla en los detalles. El amor duradero no se fundamenta en el magnífico crucero de una semana o en un brillante de seis quilates, sino en las expresiones de amor ordinarias, cotidianas.

Peter Fraenkel del Ackerman Institute for the Family recomienda introducir «sesenta segundos de puntos de placer» en la relación. Fraenkel sugiere que, en lugar de confiar únicamente en los acontecimientos o en los regalos especiales para mantener viva una relación, la pareja tiene que introducir un mínimo de tres puntos de placer al día. Un beso apasionado, una nota sincera o divertida o un mensaje de texto cariñoso, un simple «Te quiero», todo esto puede ser muy beneficioso para mantener vivo el amor y cultivarlo. Los cumplidos sinceros también son importantes. Mark Twain afirmó en una ocasión que podía vivir dos meses con un buen cumplido.

Si no somos capaces de apreciar lo positivo de nuestra relación, entonces lo positivo, en lugar de apreciarse, se depreciará. Los cumplidos y otras formas de acentuar lo positivo no sólo resultan agradables en sí mismos, sino que además constituyen una buena inversión para el futuro. Del mismo modo que depositar dinero en una cuenta de ahorro cuando las cosas van bien puede generar intereses y en un momento dado, ayudar a superar los problemas financieros, las acciones positivas realizadas regularmente crean una buena reserva, una buena disposición y pueden ayudar a la pareja a superar los momentos difíciles de la relación.

REFLEXIÓN Haga una lista de puntos de placer de sesenta segundos, y, comprométase, por escrito, a practicar al menos tres de esos puntos al día durante la próxima semana. Pueden ser distintos o los mismos cada día.

Los conflictos, al igual que los actos positivos, pueden reforzar un vínculo. Piense en las discusiones cotidianas como si fueran una especie de vacuna. Cuando nos vacunamos contra una enfermedad, en realidad nos inyectamos una cepa debilitada de la enfermedad en el cuerpo, que reacciona desarrollando los anticuerpos que le permitirán lidiar con otros asaltos más importantes en el futuro. De forma parecida, los conflictos menores ayudan a la relación a desarrollar mecanismos de defensa; la inmunizan y ayudan a la pareja a superar los lances más importantes que van surgiendo.

Se observan ciertos paralelismos entre una relación libre de conflictos y un bebé sobreprotegido. Un recién nacido que permanezca en un entorno esterilizado durante un año será menos resistente y más vulnerable en el futuro que uno que haya vivido en el entorno «sucio» del mundo real. Los niños que crecen en granjas y que están más expuestos a la suciedad y los gérmenes que sus homólogos urbanos desarrollan sistemas inmunes más fuertes y tienen menos probabilidades de padecer alergias y asma más adelante en su vida. Errores, conflictos y dificultades son importantes para cultivar la resistencia, tanto física como psicológica.

A medida que la pareja va teniendo conflictos —e interacciones positivas— y los va superando, va reforzando el sistema inmune de su relación.

ATASCO

Según el sexólogo David Schnarch, tarde o temprano, toda relación acaba experimentando lo que denomina un atasco, un momento en el que la pareja se siente atrapada en un conflicto y no encuentra la salida del mismo.[3] No se trata de una discusión casual que se pueda resolver u olvidar fácilmente, sino de un conflicto intenso y recurrente que parece insoluble. Estos conflictos recurrentes suelen girar en torno a cuestiones relacionadas con los niños, los suegros, el dinero o el sexo. ¿Qué tipo de educación tienen que recibir los niños? ¿Cuál es la frecuencia deseable de las relaciones sexuales y qué excita a cada uno de los miembros de la pareja? Los atascos suelen poner en peligro la sensación de pertenencia de uno o de los dos miembros de la pareja, porque deben decidir entre elegir de acuerdo con su integridad (aferrarse a sus ideas) o de acuerdo con su pareja, comprometiendo su forma de pensar.

No resulta extraño que las relaciones que se atascan acaben terminando. La pareja puede divorciarse o, si por un motivo u otro decide permanecer legalmente unida, puede producirse la separación espiritual, física y emocional. Schnarch sugiere que, al mismo tiempo, el atasco se convierte en un punto crítico, una oportunidad de crecimiento personal e interpersonal: «El matrimonio tiene muchas más dificultades y está sometido a mucha más presión de lo que esperábamos; de hecho, a tanta, que alguna parejas asumen equivocadamente que ha llegado el momento de divorciarse, cuando en realidad tendrían que ponerse a trabajar». Las parejas que superan las situaciones de atasco emergen fortalecidas, tanto a nivel individual como de pareja; la relación se vuelve más auténtica e íntima.

Una de las formas más importantes de cultivar la intimidad y la profundidad de una relación —de llegar a conocer al otro y de que el otro llegue a conocernos— es actuar con los problemas interpersonales con lo que Schnarch denomina «las ruedas motrices y las cargas pesadas de las relaciones íntimas». La mera realización de los conflictos —desde los pequeños desacuerdos hasta los grandes atascos— no sólo es inevitable, sino que además es liberadora y potencialmente puede aliviar parte del temor que un perfeccionista experimenta con cada bache en el camino. Las desviaciones de la línea recta no son indicativas de un defecto inherente en uno de los miembros de la pareja o en la relación, sino que forman parte del proceso que producirá una mayor aceptación, intimidad y pasión.

SEXO

Schnarch, cuyo trabajo ha revolucionado el área de la terapia de pareja y sexual, apunta que, con el tiempo, el sexo, puede mejorar. Como él mismo afirma, «la celulitis y el potencial sexual están altamente correlacionados». La probabilidad de alcanzar la plenitud sexual es mayor a los cincuenta y los sesenta, y el sexo con la pareja con la que llevamos décadas puede ser significativamente mejor que con una persona nueva. Esto va en contra de la sabiduría convencional. Al fin y al cabo, el deseo sexual suele alcanzar su punto álgido más cerca de los veinticuatro que de los sesenta y cuatro, y la reacción física es más intensa ante a un desconocido atractivo que ante nuestra pareja durante más de tres décadas. No obstante, como dice Schnarch, el buen sexo no es producto de la respuesta biológica, psicológica, inmediata a nuestra pareja; el buen sexo es una combinación del corazón y la mente, además del cuerpo.

Schnarch compara el *genital prime* (los años de máxima madurez reproductiva física) con el *sexual prime* (la capacidad específicamente humana de erotismo adulto y conexión emocional). Y cuando se trata del *sexual prime*, cuanto más, mejor: a la hora de tener intimidad, ningún adolescente se puede comparar con un adulto sano de sesenta años. «La gente puede mejorar sus relaciones sexuales y su intimidad a medida que madura.»

En términos de la mentalidad fija y de crecimiento que nos describía Carol Dweck anteriormente, podemos asociar la visión de Schnarch a la mentalidad de crecimiento: potencialmente, el sexo mejora con el tiempo, a medida que intimamos más —nos sentimos más cómodos, más como en casa, más abiertos, más tolerantes— con nuestra pareja y, no menos importante, con nosotros mismos. Tener una mentalidad fija con respecto al sexo sería pensar que las capacidades y el rendimiento sexual son inmutables, que no cambian —o somos buenos en la cama o no lo somos, o estamos en buena forma o no lo estamos.

Puesto que a partir de cierta edad se produce un deterioro físico gradual (un cuerpo de cincuenta años no puede hacer todo lo que es capaz de hacer uno de veinticinco), el que no reconoce la diferencia entre el sexo como algo puramente físico y el sexo como algo que comprende el cuerpo y la mente puede adquirir una mentalidad de declive. Mientras que la mentalidad de crecimiento sugiere que el sexo mejora con el tiempo y la mentalidad fija que el sexo no cambia, la persona que adquiere la mentalidad de declive espera que el sexo empeore con el tiempo. La persona que tiene esta mentalidad deja de disfrutar del sexo y sus peores pronósticos se acaban cumpliendo: el sexo realmente empeora.

Entender que el amor puede aumentar con el tiempo y que el sexo también puede mejorar permite sustituir la mentalidad de declive o fija por la mentalidad de crecimiento, es decir, reemplazar la manera de pensar del perfeccionista por la del optimalista. Las desviaciones de la línea recta —un comportamiento imperfecto en la cama, una discusión acalorada, o un intercambio frío— no son indicativas de un error trágico, sino que forman parte del flujo natural hacia una relación mejor, más íntima. La mentalidad fija conduce a la visión del todo o nada, donde todas las imperfecciones se dramatizan. La mentalidad de crecimiento, sin embargo, da cabida a la imperfección, de uno mismo, de la pareja y de la relación.

REFLEXIÓN ¿Qué puede hacer para que mejore su vida sexual? ¿De qué debería desprenderse?

AYUDA IDÓNEA

Como he dicho en capítulos anteriores, una de las características de los perfeccionistas es su actitud defensiva. No hace falta decir que resulta muy difícil cultivar la intimidad cuando uno de los miembros de la pareja, o los dos, se pone a la defensiva en cuanto lo critican. Al negarse a aceptar los reproches, el perfeccionista pierde la oportunidad de conocerse a sí mismo y crecer.

En la versión hebrea de la Biblia del rey Jacobo, Dios dice, después de crear al primer hombre: «No es bueno que el hombre esté solo, crearé una ayuda idónea para él». Esta expresión es la traducción de la frase hebrea *ezer kenegdo* que, literalmente, significa «ayuda contra él».

La frase *ezer kenegdo* ha causado mucha angustia a los traductores y comentaristas bíblicos. ¿Cómo puede ser que un Dios benevolente creara a la mujer para ir en contra del hombre? Para resolver la aparente contradicción, traducciones posteriores reemplazaron la expresión por la de «ayuda junto a él». Algunos comentaristas explican que la frase significa que si un hombre es recto, su mujer será su ayuda, pero que si un hombre peca, la mujer irá en contra de él. Yo sugeriría, sin embargo, que se tomara la frase al pie de la letra: la ayuda puede venir en forma de oposición. Es a través de la ayuda idónea que el hombre y la mujer se cuestionan constantemente, apoyándose para superarse cada vez más.

En su revolucionario trabajo *La esclavitud femenina,* el filósofo inglés del siglo XIX John Stuart Mill exigió la liberación de la mujer.[4] Dijo: «El principio que regula las relaciones sociales existentes entre los dos sexos (la subordinación legal de un sexo al otro) es erróneo en sí mismo y, actualmente, uno de los mayores obstáculos para el desarrollo humano». Sólo si un hombre y una mujer son iguales pueden «disfrutar del lujo de admirar al otro y pueden tener el placer de liderar y ser liderados, alternativamente, en el camino del desarrollo». En las relaciones sanas, el hombre y la mujer, en momentos diferentes, toman el liderazgo y contribuyen al desarrollo de su pareja.

La noción de liderar y ser liderado, de una ayuda mutua, se aplica no sólo a la relación entre un hombre y una mujer, sino a todas las relaciones íntimas. En su ensayo *Friendship*, Ralph Waldo Emerson reconoce que la oposición es una condición necesaria para la amistad. Escribe que en un amigo no busca «concesiones blandas» o «comodidades triviales» —en otras palabras, alguien que esté de acuerdo con todo lo que diga—. Lo que busca, sin embargo, es «un buen enemigo, antipático, adorado con devoción».[5] El filósofo Edmund Burke se hizo eco de los sentimientos de Emerson sobre las relaciones: «El que se pelea con nosotros fortalece nuestros nervios y agudiza nuestra capacidad. Nuestro antagonista es el que nos ayuda».[6]

Una persona que sólo desea ser «amable conmigo» y ayudarme sin oponer ninguna resistencia o cuestionar mis actos o palabras no me empuja a mejorar y crecer; una persona que rebate lo que digo y hago sin ser amable conmigo ni ayudarme es antagonista y dura. Un amigo de verdad es cordial conmigo y, a la vez, se comporta como un «enemigo». Un buen enemigo cuestiona mi comportamiento y mis palabras y, al mismo tiempo, acepta incondicionalmente mi persona. Un buen enemigo es alguien que me quiere y me respeta lo suficiente para cuestionar mis ideas y comportamientos; del mismo modo, su oposición a cualquiera de mis palabras o actos no cambia el cariño que siente por mí como persona.

REFLEXIÓN ¿Tiene algún buen enemigo? ¿Cómo le ha ayudado? ¿Cómo puede ser un mejor buen enemigo para los demás?

Mi mujer, Tami, y yo hemos tenido nuestra buena dosis de desacuerdos y disputas —y sin duda la seguiremos teniendo—. Hemos tenido pequeños conflictos y hemos tenido que superar problemas importantes, pero gracias a que hemos afrontado estos problemas y los hemos superado, nuestra relación se ha reforzado y nosotros hemos madurado, individualmente y como pareja. ¿Por qué? Porque debajo de todo el dolor, la frustración, la irritación o el miedo siempre ha habido un deseo intenso de aprender y crecer y de hacer que nuestra relación mejorase.

No nos gustan los conflictos y, obviamente, no los buscamos; pero cuando surgen, nos volcamos de lleno en la tormenta. Y cuando por fin tras la tormenta llega la calma —el momento de realización y reconocimiento, el momento de saber y ver con claridad—, nos apoyamos y permanecemos juntos, guiando o siendo guiados, para llegar a puertos más seguros. Los conflictos no siempre resultan beneficiosos, pero estamos aprendiendo a sacar el máximo partido de ellos.

EJERCICIO

Completar las siguientes frases

Complete las siguientes frases lo más rápidamente posible; intente no pensar demasiado antes de escribir. Luego léalas y considere detenidamente qué puede aprender de usted y de sus relaciones. Algunas de las frases hacen referencia a una persona en particular (en el lugar de la «X», escriba el nombre de una persona que sea importante para usted), y otras se centran más en las relaciones en general.

Para mejorar mi relación con X un 5 por ciento...
Si me abro un 5 por ciento más...
Para tener más intimidad en mi relación...
Si acepto a X un 5 por ciento más...
Si me acepto a mí mismo un 5 por ciento más...
Para mejorar la relación que tengo conmigo mismo...
Para introducir más amor en mi vida...
Estoy empezando a ver que...

Tercera parte

MEDITACIONES

8

PRIMERA MEDITACIÓN: CAMBIO VERDADERO

«No es que algunos tengan fuerza de voluntad y otros no la tengan. Es que algunos están dispuestos a cambiar y otros no.»

James Gordon

Un estudio realizado por Ellen Langer y su alumna Loralyn Thompson me ayudó a comprender por qué me había resultado tan difícil pasar de ser una persona perfeccionista a ser una persona optimalista.[1] Los participantes del estudio recibieron una lista con una serie de cualidades indeseables, como rigidez, ingenuidad y negatividad. A continuación, les preguntaron si tenían alguna de esas cualidades, si habían intentado cambiarla y si lo habían conseguido o no. Posteriormente, tuvieron que evaluar la relevancia de cualidades como la consistencia, la confianza y la seriedad. Lo que los participantes en el estudio no sabían es que las cualidades incluidas en la segunda lista se suelen considerar equivalentes positivos de las cualidades incluidas en la primera lista. La consistencia puede ser percibida como la versión positiva de la rigidez, la confianza, como el lado bueno de la ingenuidad.

Lo que Langer descubrió fue que los que valoraban una determinada cualidad positiva tenían dificultades para cambiar su contrapartida negativa —a los que valoraban la consistencia, por ejemplo, les resultaba difícil ser menos rígidos porque, muy en el fondo, inconscientemente, temían volverse menos consistentes.

En líneas similares, mucha gente no quiere dejar de tener sentimientos de culpa porque tiene miedo de perder su sensibilidad; sigue preocupándose excesivamente por sus problemas porque teme que una falta de preocupación se traduzca en una ausencia de responsabilidad. Luego encontramos a los que siempre buscan el lado negativo de las cosas porque creen que si sólo buscan lo positivo, no estarán percibiendo correctamente la realidad. Como dice Langer: «La razón de que a algunos les resulte muy difícil cambiar de comportamiento, por mucho que lo intenten, es que, en realidad, valoran ese comportamiento bajo un nombre diferente».

REFLEXIÓN ¿Hay algún rasgo de su carácter o comportamiento que haya intentado cambiar y no lo haya conseguido? ¿Puede señalar alguna contrapartida positiva a esos rasgos de carácter que valore y que no quiera perder?

Uno de los motivos por los que es difícil superar el perfeccionismo reside en que lo asociamos a ciertos rasgos o cualidades positivas. En las entrevistas de trabajo, mucha gente menciona el perfeccionismo cuando le preguntan por alguna debilidad personal. Normalmente, asocian el perfeccionismo a cumplir con su trabajo, hacerlo bien y prestar atención al detalle. El «reconocimiento» de su perfeccionismo es una forma de revelar indirectamente una fortaleza: «Soy una persona detallista, metódica, trabajadora y fiable».

¿Por qué me resultó tan difícil dejar de ser un perfeccionista, a pesar de que sabía que me hacía infeliz? Porque, aunque veía que me generaba muchos problemas, lo asociaba a la meticulosidad y a la determinación. Y como no deseaba convertirme en una persona chapucera y perezosa, decidí —o mi subconsciente decidió por mí— seguir siendo un perfeccionista, a pesar del precio que sabía que estaba pagando.

Si deseamos cambiar, tenemos que formarnos una idea bastante clara de aquello que queremos eliminar y de aquello que queremos conservar. La investigadora Dina Nir escribe sobre la importancia de la escisión, del proceso de coger una cualidad en particular y escindirla en «dos o más subaspectos distintos y explícitamente definidos».[2] Existen una serie de rasgos íntimamente vinculados al perfeccionismo y si queremos cambiar, debemos escindirlos para ver lo que queremos conservar y lo que no.

Si queremos aplicar el proceso de escisión al perfeccionismo, podemos empezar formulándonos algunas de las preguntas que sugiere Nir: ¿qué significa el perfeccionismo para mí? ¿De qué aspectos del perfeccionismo estoy orgulloso? ¿Qué precio tengo que pagar por mi perfeccionismo? ¿Qué aspectos del perfeccionismo quiero conservar? ¿De qué elementos del perfeccionismo me quiero deshacer?

En mi caso, si bien quiero deshacerme de mi miedo al fracaso y de mi rechazo a las emociones negativas (que los psicólogos asocian con el perfeccionismo negativo, inadaptado), desearía conservar mi determinación y ambición (que asocio con el optimalismo). Una vez que haya definido aquello que quiere cambiar y lo que desea conservar, se sentirá menos confuso y, en consecuencia, más preparado para el cambio. Una vez hecha la escisión, podrá decidir si desea cambiar o no y de hacerlo, qué pretende cambiar exactamente. Básicamente, lo que el estudio de Langer sugiere —tanto si lo aplicamos al perfeccionismo, a la rigidez, la negatividad o cualquier otro rasgo de carácter o comportamiento— es un cambio del enfoque perfeccionista del todo o nada a un enfoque más matizado, más realista.

EJERCICIO

Escindir el perfeccionismo

Haga una lista de algunas de las cualidades o comportamientos que desearía modificar pero que, de momento, no ha sido capaz (por ejemplo, ser demasiado ansioso, perfeccionista o estar siempre demasiado ocupado). Escriba algunos rasgos positivos asociados; por ejemplo, si cree que se preocupa excesivamente por todo, algunos rasgos positivos asociados podrían ser «preocuparse por los demás» o «tener el sentido de la responsabilidad muy desarrollado»; o podría pensar en «ser decidido» y «ser efectivo» como en lados positivos de «estar siempre demasiado ocupado». Escriba también los rasgos a cambiar y los que pretende conservar.

9

SEGUNDA MEDITACIÓN: TERAPIA COGNITIVA

«Las emociones siguen a los pensamientos de una forma tan clara como los patitos siguen a su madre. Pero el hecho de que los patitos sigan fielmente a su madre ¡no significa que la madre sepa a dónde va!»

David Burns

La revolución cognitiva que se inició en la década de los sesenta tuvo un gran impacto en el mundo de la psicología, desafiando las dos escuelas que dominaban la disciplina durante el siglo XX: el psicoanálisis y el conductismo. Los psicoanalistas se concentraban en los estímulos y en las defensas subconscientes para tratar de entender a los pacientes y mejorar su calidad de vida; los conductistas prestaban atención a fuerzas externas, como la recompensa y el castigo, para explicar y modificar las conductas y experiencias. Los psicólogos cognitivos, por su parte, reconocían el papel tanto del subconsciente como del condicionamiento, pero se centraron exclusivamente en la mente consciente: en los pensamientos, las ideas y las opiniones. Los terapeutas cognitivos introdujeron conceptos como el de decisión en el vocabulario psicológico, marcando así su diferencia con los psicoanalistas (que creen que somos esclavos de nuestros instintos o experiencias tempranas) y con los conductistas (que ven a los humanos principalmente en términos de sus reacciones a su entorno externo).

Si bien se ha probado extensamente el efecto positivo del psicoanálisis y de la terapia basada en el comportamiento, más de cuarenta años de investigación demuestran que la terapia cognitiva es, al menos, igual de efectiva y normalmente incluso más que las otras dos escuelas más antiguas. Las técnicas de terapia cognitiva son relativamente sencillas y, si bien idealmente deben aprenderse e implementarse con la ayuda de un terapeuta cualificado, sus fundamentos pueden aportar beneficios a mucha gente incluso sin asistencia profesional directa.

La premisa básica de la terapia cognitiva es que reaccionamos a la interpretación de los sucesos y no a los sucesos propiamente dichos, que es lo que explica que el mismo acontecimiento pueda generar respuestas totalmente diferentes en personas diferentes. Un acontecimiento suscita un pensamiento (una interpretación del acontecimiento), y el pensamiento, a su vez, evoca una emoción. Cuando veo a un bebé (acontecimiento), me recuerda a mi hija (pensamiento) y siento amor (emoción). Cuando veo a la audiencia esperando mi presentación (acontecimiento), lo interpreto como una amenaza (pensamiento), y experimento ansiedad (emoción).

Acontecimiento ⟶ Pensamiento ⟶ Emoción

La investigación de la terapia cognitiva sugiere que una parte importante del daño emocional que sufrimos se puede evitar, ya que está causado por un pensamiento distorsionado e irracional. Si propones una cita a una persona y te rechaza (acontecimiento) y concluyes que nunca le gustarás a nadie (pensamiento), con el resultado de que te sientes devastado durante meses (emoción), estás siendo irracional, y tu respuesta emocional es desproporcionada e inútil. Si, a raíz del mismo acontecimiento, concluyes que no le interesas a esa persona en particular (pensamiento) y te entristeces (emoción), estás siendo racional y tu respuesta emocional es proporcionada y útil.

El objetivo de la terapia cognitiva es restaurar el sentido de realismo deshaciéndose del pensamiento distorsionado. Cuando identificamos un pensamiento irracional (una distorsión cognitiva), cambiamos nuestra forma de pensar en el acontecimiento y, por lo tanto, el sentimiento que produce en nosotros. Por ejemplo, si antes de una entrevista de trabajo siento una ansiedad paralizante, puedo evaluar el pensamiento que genera esa ansiedad (si me rechazan, todo se habrá acabado y no volveré a encontrar trabajo) y reinterpretar el acontecimiento debatiendo y reemplazando la valoración distorsionada por una evaluación racional (aunque realmente quiero este trabajo, hay muchos otros trabajos atractivos ahí fuera). La distorsión provoca un miedo al fracaso intenso e insano; el pensamiento racional redefine la situación y la sitúa en perspectiva.

REFLEXIÓN Piense en una reacción emocional intensa que haya tenido ante una situación en particular. ¿Fue apropiada? ¿Hubiese podido interpretar la situación de otro modo?

EL PROCESO PRP

Uno de los métodos más útiles para hacer frente a las emociones negativas asociadas al fracaso (tanto el miedo al fracaso como la agonía de haber cometido un error) es seguir el proceso PRP: darse permiso para ser humano, reconstruir la situación y adquirir una perspectiva más amplia.

Darse permiso. Una emoción es una emoción, tanto si está basada en pensamientos racionales como irracionales, provocada por una evaluación correcta o una visión distorsionada de la realidad. Para hacer frente a una emoción de una forma sana, lo primero que hay que hacer es aceptarla como parte de nuestra realidad, del mismo modo que aceptamos la ley de la gravedad.

Aparte de reconocer la emoción, se debe también aceptar la realidad del suceso que ha generado la emoción. Negar la realidad, pretender que no sentimos lo que sentimos o que lo que ha ocurrido no ha ocurrido, no provoca más que una intensificación de la emoción negativa. Para dar a nuestras emociones permiso para manifestarse resulta muy útil plasmar nuestros sentimientos en papel. También podemos limitarnos a sentarnos y experimentar la emoción u observar su manifestación física y aceptarla.

Reconstrucción. Una vez que hemos aceptado la realidad de la situación y de nuestras emociones, podemos emprender la reconstrucción cognitiva. Aquí es cuando nuestra interpretación de un suceso se invertirá de negativa/inútil a positiva/beneficiosa.

El psicólogo Joe Tomaka y sus colegas han demostrado que un mismo acontecimiento puede generar respuestas fisiológicas diferentes dependiendo de si se vive como una amenaza o como un desafío.[1] Con el tiempo, podemos entrenar la mente para que interprete los acontecimientos como desafíos y no como amenazas. Si antes de hablar en público me siento excesivamente ansioso, suelo reconstruir mi evaluación del acontecimiento y pasar de considerarlo una amenaza a tratarlo como un desafío. Intento hacer lo mismo con otros acontecimientos, cambiando la valoración que hago de ellos, es decir, pasando de considerarlos una obligación, por ejemplo, a un privilegio, o de una prueba a una aventura.

Si las cosas no salen como esperábamos, también podemos cambiar la interpretación retrospectivamente. Si pensamos lo que podemos aprender de un fracaso concreto, por ejemplo, y lo que hemos crecido o podemos crecer como resultado, seremos capaces de reconstruir nuestra percepción de ese suceso. Si bien podemos seguir decepcionados porque las cosas no han salido como esperábamos, también podemos pensar que ningún esfuerzo importante, por bueno que pueda ser el resultado eventual, está libre de fracasos; podemos decirnos que, como dijo Thomas Watson, para aumentar el porcentaje de éxitos, se deben doblar el porcentaje de fracasos.

Podemos convertirnos en buscadores de beneficios en lugar de en buscadores de fallos y reconocer que, aunque las cosas no siempre suceden para bien, algunos son capaces de sacarles el mejor partido.

Perspectiva. El consejo de Wayne Dyer y Richard Carlson de que no hay que ahogarse en un vaso de agua tiene un valor incalculable.[2] Muchas veces, cuando consideramos una situación en un contexto más amplio, nuestras preocupaciones y decepciones se reducen. Pensando de forma realista, si no saco muy buena nota en el examen, ¿disminuirán las probabilidades de que haga algo en mi vida? Seguramente no. Dentro de un año, ¿tendrá alguna importancia que me haya atascado en alguna parte de mi discurso? Seguramente no. También podemos ver el marco general apreciando todas las cosas maravillosas de nuestra vida, que, en conjunto, eclipsan la experiencia negativa.

Reconstruir una situación o verla con perspectiva no significa que se eviten las emociones negativas. Ciertos sentimientos negativos son apropiados. El momento adecuado para utilizar la reconstrucción cognitiva o para recordar que no debemos ahogarnos en un vaso de agua es cuando las emociones resultan desproporcionadas a la situación.

Utilizo el proceso PRP para superar las emociones negativas en general y las emociones relacionadas con el perfeccionismo en particular. Por ejemplo, hace unos días, tenía intención de escribir un poco después de dejar a mi hija en la guardería y antes de dar una clase. Pero cuando salí de casa con Shirelle, me di cuenta de que era tarde y de que esa mañana no iba a poder escribir nada. Me enfadé mucho conmigo mismo por no haber sido más eficiente, por no haber estado a la altura de mis expectativas. Así que apliqué el proceso PRP.

En primer lugar, me di permiso para ser humano, para experimentar la decepción y la frustración que sentía. No me castigué por sentirme como me sentía, sino que acepté mis emociones tal como eran. Luego reconstruí la situación, buscando lo positivo, que, en este caso, se hallaba en que la experiencia me había ayudado a reconocer mi alto nivel de ocupación habitual y que debía limitar mis obligaciones para poder disfrutar de las cosas que eran importantes para mí, como pasar tiempo con mi hija o escribir.

Por último, cambié mi perspectiva y me dije que, en un año —o más probable, en una semana—, el haber escrito una hora más o menos no iba a importar demasiado. En lugar de correr a casa para tratar de escribir un poco, me tomé mi tiempo con mi hija y dimos un paseo alrededor de la guardería antes de dejarla.

Aplicar el proceso PRP es una habilidad y, como cualquier habilidad, requiere práctica. Inicialmente, recorrer las tres fases puede parecer un poco forzado. No obstante, al cabo de un tiempo, el proceso resulta más natural y puede ser útil tanto en el caso de las emociones suaves como en el de las intensas y en situaciones que susciten tanto pensamientos racionales como irracionales. Algunas emociones intensas puede que requieran más tiempo en la fase del permiso; en otras situaciones, el simple reconocimiento de la emoción puede resultar suficiente y se puede pasar inmediatamente a la siguiente etapa.

EJERCICIO

El proceso PRP

Piense en un suceso reciente que lo haya disgustado emocionalmente o en un próximo acontecimiento que lo tenga preocupado. Empiece dándose permiso para ser humano: reconozca lo que ha ocurrido así como la emoción que está sintiendo como resultado. Puede escribir o hablar de lo que siente o, si lo prefiere, darse el tiempo y el espacio necesarios para experimentar la experiencia. Esta etapa se puede prolongar cinco segundos, cinco minutos o más.

Para reconstruir la situación, piense qué resultados positivos puede obtener de ella. Esto no significa que esté contento con la situación, sino simplemente que ésta puede incluir algún beneficio. ¿Puede aprender algo nuevo? ¿Puede conocerse mejor a usted o a los demás? ¿Puede mostrar más empatía o apreciar más lo que tiene?

Para terminar, dé un paso atrás y adopte una perspectiva más amplia de la situación. ¿Puede ver la experiencia en un marco más general? ¿Cómo verá la situación dentro de un año? ¿Se está ahogando en un vaso de agua?

La aplicación del proceso PRP no tiene por qué ser lineal: puede pasar del permiso a la perspectiva, luego a la reconstrucción, y luego de nuevo al permiso, y así sucesivamente.

Repita este ejercicio con regularidad, ya sea buscando activamente una experiencia del pasado o respondiendo a experiencias a medida que vayan surgiendo. Cuanto más practique, más beneficioso le resultará.

10

TERCERA MEDITACIÓN: CONSEJO IMPERFECTO

«Al principio de mi carrera profesional me preguntaba: ¿cómo puedo tratar, curar o cambiar a esta persona? Ahora reformularía la pregunta de este modo: ¿cómo puedo ofrecerle una relación que pueda utilizar para su crecimiento personal?»

Carl Rogers

Me encanta resolver problemas. En bachillerato, mi asignatura preferida era matemáticas. La claridad, la certeza, la sensación de resolución que tenía cuando resolvía un problema matemático, me encantaba trabajar con números. En la universidad, mis intereses cambiaron, ya que los retos personales a los que tuve que enfrentarme a causa de mi perfeccionismo y estrés me alejaron de los números y me llevaron a interesarme más por la psique humana —en concreto, inicialmente, por la mía—. Pero si bien el contenido de mis estudios cambió (de los números a las personas), la metodología no lo hizo, y seguí buscando la misma claridad y resolución.

Mi objetivo era hacer más felices a los demás y a mí mismo, y eso se traducía en buscar soluciones a los problemas. Un día, cuando estaba en la universidad, un amigo me invitó a comer y me contó que estaba pasando una mala época. No estaba seguro de estar matriculado en un curso de su interés, no tenía ningún tipo de motivación y, en lugar de hacer su trabajo, siempre dejaba las cosas para otro momento. Le escuché unos minutos y luego inicié un monólogo en el que analicé su problema, y al terminar, con seguridad y convicción, le di una solución clara y simple. Le hablé de unos ejercicios que podían ayudarle a identificar sus pasiones y, potencialmente, una trayectoria profesional alternativa. Compartí con él algunas teorías motivacionales y le sugerí algunas medidas que podía tomar para superar su tendencia a la procrastinación —un tema que dominaba bien, ya que llevaba varios años estudiándolo para mis clases—. Puro razonamiento: muy científico, muy revelador, pero totalmente inútil.

Durante la conversación, a medida que iba compartiendo mi experiencia y mis conocimientos con él, tenía la impresión de que, en realidad, no me escuchaba, que mis palabras no le llegaban. Me esforcé más, traté de explicárselo mejor y de reformular mis sugerencias, proponiéndole más ejercicios prácticos e ideas creativas, aunque todo en vano. Fue un poco más tarde ese día, cuando tuve tiempo para pensar en nuestra conversación, cuando me di cuenta de que lo que necesitaba mi amigo no era mi solución, sino mi presencia; no necesitaba mis teorías, sino un oído amable.

Según Carl Rogers, el papel del terapeuta (o del que mantenga una relación de ayuda) se limita a crear un entorno de mirada incondicional positiva para el paciente. En la terapia de Rogers, el psicólogo simplemente le devuelve al paciente sus palabras y le proporciona un entorno seguro en el que se sienta aceptado y, por lo tanto, cómodo siendo tal como es. Con el tiempo, el paciente internaliza la mirada incondicional positiva del terapeuta y se hace más fuerte, más capaz de superar los desafíos y las dificultades. «Mi objetivo —escribe Rogers— es generar un clima que ofrezca toda la seguridad, cordialidad, y comprensión empática que sea capaz de ofrecer.»[1]

En su libro *House of Cards,* Robyn Dawes utiliza la investigación realizada en el área de la terapia para ilustrar que la eficacia del terapeuta, siempre y cuando tenga las cualidades y los conocimientos necesarios, no depende del número o del tipo de títulos que ostente sino de su grado de empatía. La empatía permite ponerse en el lugar del otro y entender lo que realmente necesita. Es más fácil sentir empatía por una persona si la escuchas con atención, sin distraerte anticipando los consejos que podrías darle. La base de la terapia efectiva no es sólo la sofisticación y el conocimiento intelectual, sino la capacidad de aceptar y enfatizar.

Si bien proponer soluciones a los problemas de un amigo puede hacernos sentir útiles y competentes, por lo general produce el efecto contrario en el amigo. En primer lugar, proponer una solución crea distancia entre las personas: uno es el que sabe (está por encima) y el otro es el que tiene problemas (está por debajo). En segundo lugar, el que está siendo ayudado se siente inadecuado, especialmente cuando ya percibe su debilidad. Cuando ofrecemos una solución, independientemente de nuestras intenciones, nuestro mensaje se suele interpretar de forma condescendiente y paternalista.

Por el contrario, cuando abrazamos y aceptamos a nuestro interlocutor, comunicamos un mensaje diferente. Lo primero y más importante que transmitimos es un «Estoy contigo. Me importas, y puedes contar conmigo». En segundo lugar, manifestamos un «Confío en ti. Eres lo suficientemente listo y competente para superar esto». Cuando tenemos una actitud de aceptación, aunque está claro que uno ayuda y el otro está siendo ayudado, es mucho más probable que este último se sienta comprendido y apoyado. No siempre resulta fácil resistir el impulso de dar consejos, especialmente cuando una persona nos importa, pero el consejo no siempre es lo mejor que podemos ofrecer. Normalmente, basta con estar ahí.

En ocasiones, proponer una solución es apropiado. Si, por ejemplo, mi amigo está luchando contra su tendencia a la procrastinación, puede ser útil compartir mi experiencia en esta área. Pero sólo después de haberlo escuchado.

En el ámbito interpersonal —al igual que en el ámbito intrapersonal— necesitamos una aceptación activa: primero aceptar, estar ahí, y sólo entonces podremos dar consejos y sugerir soluciones. Lamentablemente, no existen reglas simples que nos indiquen cuándo dar un abrazo y cuándo intentar ayudar activamente. Aquí es donde entra en juego la empatía. Un terapeuta o amigo con empatía percibe cuándo la aceptación es suficiente y cuándo puede resultar útil proponer una solución.

Si bien los perfeccionistas tienden a dar consejos y a solucionar todos los problemas —para que todo vuelva a ser perfecto—, les cuesta mucho pedir consejo o ayuda de cualquier tipo. De hecho, lo mejor que puede hacer un perfeccionista que quiera convertirse en optimalista es solicitar ayuda activamente —levantar la mano, mostrar una necesidad, ser vulnerable—. Inicialmente, puede parecer raro y difícil, pero como ocurre con cualquier comportamiento nuevo, uno se acaba acostumbrando. Personalmente, uno de los beneficios más significativos que me ha proporcionado el mantener una relación íntima a largo plazo, un beneficio que está basado en la confianza mutua, ha sido el de aprender a pedir ayuda y obtener así la fuerza necesaria para ser débil. He llevado esta interpretación a otras relaciones y situaciones de mi vida.

REFLEXIÓN ¿Necesita ayuda? ¿Puede acudir a alguien de confianza para que le ayude?

Un ser humano no es una serie de fórmulas matemáticas en las que se puede introducir el número adecuado de una variable particular y obtener la solución al problema. La psique humana, especialmente cuando tenemos un problema o nos sentimos débiles, necesita más sensibilidad y cariño que soluciones y consejos. Es de este cariñoso abrazo, del nutrido suelo de la aceptación, de donde puede emerger la fuerza y el poder de la persona.

EJERCICIO

Aprender de otra persona

Piense en una persona que le ha ayudado (o que le está ayudando) en momentos difíciles. Escriba sobre esa persona y concretamente sobre lo que hace que su ayuda le resulte tan útil. Escriba en particular sobre una conversación con esta persona que le ha ayudado o de un acontecimiento en el que esa persona le haya dado fuerza.

¿Qué puede aprender de la forma de hablar o actuar de esa persona? ¿Qué puede aplicar a sus propios intentos de ayudar a los demás? Puede repetir este ejercicio pensando en un par de personas e identificando luego el rasgo común a todos los que le han ayudado.

11

CUARTA MEDITACIÓN: UN NUEVO MUNDO PERFECTO

«Promover la sociedad de la felicidad absoluta es fabricar una cultura del miedo.»

Eric Wilson

En *Un mundo feliz,* Aldous Huxley describe un futuro en el que el dolor emocional es erradicado mediante el uso de una droga fantástica llamada soma. Menos de un siglo después de su publicación en 1932, el escalofriante relato de Huxley de un mundo emocionalmente estéril no resulta tan inverosímil.

La búsqueda del placer y la evasión del dolor es algo natural y forma parte de nuestra constitución, pero los avances tecnológicos que proporcionan un atisbo de «mundo feliz» están llevando este beneficioso movimiento a extremos perjudiciales. Nos hemos convertido en una cultura obsesionada por el placer perfecto y creemos que una vida feliz y plena está exenta de emociones negativas. Cualquier molestia que rompe (o amenaza con romper) el flujo de emociones positivas se considera un signo de fallo o defecto inherente, un defecto que hay que corregir inmediatamente.

La culpa de esta mala interpretación del significado de la felicidad humana la tiene, al menos en parte, la medicina. Muchos de los que se dedican a la profesión médica han llevado la noción de «buscar placer y evitar el dolor» a un extremo demasiado simplista y a prescribir medicamentos al más mínimo indicio de malestar emocional. La facilidad con la que se receta la medicación psiquiátrica transmite, mucho más que con palabras, la idea dominante de que se deben eliminar todas las emociones negativas y dolorosas.

Si bien existen situaciones en las que la medicación es apropiada (se han salvado muchas vidas gracias a los avances de la psiquiatría), son mucho más numerosas aquellas en las que no lo es. El semestre pasado, uno de mis alumnos se quedó totalmente devastado al recibir su primera mala nota y, tras treinta minutos en la consulta del médico (la primera vez en su vida que había ido al psiquiatra), éste le recetó un antidepresivo.

Excepto en circunstancias extremas en las que aparecen, por ejemplo, pensamientos y sentimientos suicidas, no es conveniente eliminar tan rápidamente las emociones negativas con medicación. Un alumno que está deprimido porque no ha aprobado un examen no tiene que tomar medicación; tiene que aprender a superar el fracaso (o el fracaso percibido). Una persona que acaba de sufrir una ruptura no debe ingerir antidepresivos, sino pasar por la fase de duelo. A un empleado que acaba de perder su trabajo, a la larga no le servirá de nada suprimirle sus emociones con química; le resultará mucho más útil tratar de superar sus sentimientos negativos. Se podría decir que las emociones constituyen la huella del alma. Con el tiempo, podemos aprender a interpretarlas, a comprender el mensaje que contienen y tomar las medidas adecuadas.

Para dar un ejemplo personal, con los años he llegado a la conclusión de que, normalmente, cuando, sin ningún motivo aparente, me siento profundamente triste e inútil, es porque tengo demasiado en mi plato.

Me he exigido demasiado, he asumido demasiadas responsabilidades y no he delegado nada por miedo a perderme algo. Entonces capto el mensaje, que me llega a través de mis emociones y me informa de que tengo que parar, bajar el ritmo y simplificar mi vida, rescatarme. Podría, evidentemente, medicarme para superar mi angustia y seguir trabajando tanto o más, conducta que, de hecho, mucha gente adopta en la actualidad. Pero la voz de mis emociones es demasiado importante, y si la acallara, acabaría haciéndome daño a mí y a los que están a mi alrededor.

REFLEXIÓN Piense en una emoción desagradable que esté experimentando en este momento o en una que haya experimentado recientemente. ¿Qué puede aprender de este sentimiento?

En *Matrix,* Neo, el protagonista, debe elegir entre una píldora roja y una píldora azul. La píldora roja revelará la verdad dolorosa de la existencia humana. La píldora azul dejará a Neo en un estado de inconsciencia feliz, sin saber que, en realidad, está viviendo en un entorno virtual en el que está siendo sedado por las fuerzas que se han apoderado del mundo. Neo toma la píldora roja, se enfrenta a la cruda realidad y se embarca en una odisea que incluye el dolor provocado por el duelo y el fracaso, así como la alegría generada por el descubrimiento y el desarrollo.

¿Hubiera elegido una vida sin perfeccionismo si hubiera podido hacerlo cuando me di cuenta del precio que estaba pagando como atleta, estudiante, escritor y pareja? Seguramente. ¿Hubiera elegido una vida sin perfeccionismo de saber lo que iba a conseguir enfrentándome al dolor emocional y superándolo? Por supuesto que no.

Hoy en día, los avances en el desarrollo de los medicamentos psiquiátricos están causando que este tipo de decisiones sean habituales. En *Contra la felicidad*, el autor Eric Wilson escribe: «Muy pronto, quizá, con la ayuda de la medicación psiquiátrica, en nuestro país no habrá nadie infeliz. Los melancólicos desaparecerán».[1]

En un futuro no muy lejano nosotros, nuestros hijos, o nuestros nietos contarán con una opción fácil y rápida (en forma de una pastilla o de una reprogramación genética) para acabar con el miedo al fracaso, para evitar las emociones negativas e inyectar en nuestras vidas una sensación de logro. Espero que las generaciones futuras elijan la píldora roja; o, mejor aún, no elijan ninguna.

EJERCICIO

Diario personal focalizado

En la segunda meditación he hablado de la terapia cognitiva y de sus beneficios potenciales. La investigación ha demostrado que cuando hay que superar problemas psicológicos derivados del perfeccionismo –ya sea la ansiedad o la depresión– las intervenciones de terapia cognitiva son igual o incluso en ocasiones más efectivas que la medicina. El sencillo ejercicio a continuación, si se hace de forma regular, puede cambiar la interpretación de los sucesos y, por lo tanto, la reacción emocional ante los acontecimientos.

Elabore una tabla con tres columnas. En la primera columna, describa brevemente un suceso que le provoque una reacción emocional dolorosa e intensa. En la segunda columna, escriba la interpretación perfeccionista del suceso y al lado, en paréntesis, la emoción que genera esa interpretación. En la tercera columna, reconstruya cognitivamente el suceso anotando una interpretación alternativa, más apropiada o racional (la forma en que un optimalista interpretaría el suceso). Al lado, en paréntesis, refiera la emoción que está experimentando o que espera experimentar a raíz de esta interpretación. Vamos a ver un ejemplo:

Acontecimiento	**He suspendido el examen**	**He engordado un kilo y medio en tres semanas**
Interpretación perfeccionista	Soy un perdedor y nunca triunfaré. (Frustración e inadecuación.)	Estoy gorda y sigo engordando. (Depresión.)
Interpretación optimalista	No es más que un examen, y la próxima vez me esforzaré más. (Esperanza.)	Como ser humano, mi peso fluctúa. Hace un mes que no hago ejercicio, pero voy a retomarlo. (Determinación.)

Esta actividad no es una solución rápida, y algunas veces hace falta algo más que reconstruir cognitivamente un suceso para pasar de la ansiedad a la esperanza o de la depresión a la determinación. No obstante, si se realiza con regularidad, este ejercicio puede reducir significativamente el dolor emocional asociado al perfeccionismo y ofrecer una alternativa saludable a la medicación.

12

QUINTA MEDITACIÓN: EL PAPEL DEL SUFRIMIENTO

«El sufrimiento profundo, indecible, bien puede ser llamado bautismo, regeneración, iniciación a una nueva condición.»

George Eliot

Mi esperanza, cuando inicié el proceso de conversión al optimalismo, era erradicar el dolor, la tristeza, la ansiedad y el sufrimiento de mi vida. Mi objetivo, evidentemente, venía dictado por mi perfeccionismo. Deseaba ver la luz, encontrarme bien —descubrir un lugar en mi interior en el que siempre estuviera contento independientemente de lo que ocurriera fuera—. No lo encontré. Lo que sí descubrí, sin embargo, fue que el sufrimiento aportaba algunos beneficios y, en consecuencia, reconocí la importancia de aceptarlo.

Si bien la búsqueda del placer y la evasión del dolor forman parte de nuestra naturaleza, la cultura juega un papel fundamental en cómo nos enfrentamos al sufrimiento. Generalmente, en Occidente, rechazamos el sufrimiento. Lo vemos como una interrupción poco grata del viaje hacia la felicidad. Así que lo combatimos, lo reprimimos, lo medicamos o buscamos soluciones rápidas y fáciles para deshacernos de él. En algunas culturas, especialmente en la oriental, el sufrimiento se valora y se reconoce por el importante papel que juega en la vida de las personas, en el serpenteante camino hacia la gloria.

Si bien todavía tengo que convencerme de que se puede alcanzar un estado de gloria o nirvana, lo cierto es que se puede aprender mucho de la forma de ver la vida de los budistas, con su impermanencia e imperfecciones, sus defectos y sus desengaños.

El monje tibetano Khenchen Konchog Gyaltshen Rinpoche enumera cuatro beneficios del sufrimiento: sabiduría, resistencia, compasión y un profundo respeto de la realidad.[1]

La sabiduría emerge de la experiencia del sufrimiento. Cuando las cosas van bien, raramente nos detenemos a cuestionarnos sobre nuestras vidas y nuestras dificultades. Una situación difícil, sin embargo, suele obligarnos a salir de nuestro estado inconsciente, haciéndonos reflexionar sobre nuestras experiencias. Para poder ver en profundidad, para poder desarrollar lo que el rey Salomón llamaba un corazón sabio, tenemos que ser capaces de capear el temporal.

Nietzsche, un hombre muy sabio, concluyó que lo que no nos mata, nos hace más fuertes. El sufrimiento puede hacernos más resistentes, más capaces de superar las dificultades. Del mismo modo que un músculo, para fortalecerse, tiene que sufrir, nuestras emociones, para vigorizarse, también deben soportar cierto grado de sufrimiento. Helen Keller, que tuvo una vida con muchos sufrimientos y también muchas alegrías, dijo: «El carácter no puede desarrollarse cuando hay tranquilidad y todo es fácil. Sólo pasando por la experiencia de la prueba y por el sufrimiento se puede fortalecer el alma, clarificar la visión, inspirar la ambición y alcanzar el éxito».

Todo el mundo pasa por malos momentos alguna vez, y darnos permiso para sentir esta emoción universal nos conecta con una red de compasión de la que pasamos a formar parte. El diccionario define compasión como «un profundo conocimiento del sufrimiento de otra persona acompañado del deseo de aliviarlo», pero sólo podremos obtener un profundo conocimiento del sufrimiento de los demás si hemos sufrido nosotros mismos. Un conocimiento teórico del sufrimiento tiene tan poco sentido como una descripción teórica del color azul para una persona ciega.

Para conocer, hay que experimentar. Como dice el pastor Fritz Williams: «El sufrimiento y la felicidad nos enseñan, si les dejamos, a dar el paso a la empatía, que nos transporta al alma y al corazón de otra persona. En estos momentos transparentes, descubrimos las alegrías y las penas de la otra persona y nos preocupamos por sus problemas como si fueran nuestros problemas».

Uno de los beneficios más significativos del sufrimiento se encuentra en que genera un profundo respeto por la realidad. Si bien una experiencia feliz nos conecta con el ámbito de posibilidades infinitas, una experiencia dolorosa nos recuerda nuestras limitaciones. Cuando, a pesar de todos nuestros esfuerzos, las cosas no van como esperábamos, hemos de tener la humildad de aceptar las limitaciones que algunas veces no advertimos cuando estamos volando muy alto. Me parece más que simbólico el hecho de que cuando estamos en éxtasis, miramos hacia arriba, hacia el cielo, hacia el infinito, y que cuando estamos pasándolo muy mal, tendemos a mirar hacia abajo, hacia el suelo, hacia lo finito.

Rabbi Bunim de Pshischa afirma que todos deberíamos llevar dos papelitos en el bolsillo: uno de ellos con la frase del Talmud «El mundo fue creado por causa de mí», y el otro con las palabras del Génesis «No soy más que polvo y ceniza». Una buena salud mental está comprendida entre ambos mensajes, entre la humildad y la arrogancia. Del mismo modo que la síntesis entre la humildad y la arrogancia favorece la salud mental, la combinación de éxtasis y agonía establece una relación saludable con la realidad.

El éxtasis me hace sentir invencible; me produce la sensación de que soy el dueño de mi destino, de que creo mi propia realidad. Sin embargo, la agonía me rinde vulnerable y pequeño; me hace creer que dependo de mis circunstancias y tengo poco control sobre mi realidad. El éxtasis sólo genera una arrogancia desprendida; el sufrimiento sólo engendra resignación. Las dificultades de la vida nos acercan al medio dorado de Aristóteles.

REFLEXIÓN Piense en un período de su vida en el que experimentara algún tipo de sufrimiento. ¿Qué aprendió? ¿En qué aspectos maduró?

Respetar profundamente la realidad implica aceptar las cosas tal como son —nuestro potencial, nuestras limitaciones y nuestra humanidad—. Si reconocemos que el sufrimiento es esencial en nuestra vida y que también aporta algunos beneficios, como el cultivo de la sabiduría y la compasión, lo admitiremos más fácilmente. Y si somos capaces de aceptar la pena y el dolor como sentimientos inevitables, sufriremos menos.

Nathaniel Branden define la autoestima —para la que es fundamental la aceptación de uno mismo— como el sistema inmune del conocimiento. Contar con un sistema inmune fuerte no significa no estar nunca enfermo, sino enfermar menos y en el caso de que así ocurriera, recuperarse más rápidamente. De forma parecida, es poco probable que el sufrimiento desaparezca completamente; sin embargo, a medida que el sistema inmune de nuestro conocimiento se va reforzando, sufrimos menos y cuando lo hacemos, la recuperación es más rápida.

El hecho de que el sufrimiento tenga beneficios no significa que debamos buscarlo activamente —del mismo modo que no buscamos oportunidades de enfermar simplemente porque la enfermedad refuerce el sistema inmune—. En nuestras vidas, buscamos de forma natural el placer y tratamos de minimizar el dolor que soportamos. El mundo imperfecto e impermanente ofrece una gran cantidad de oportunidades, sin necesidad de buscarlas activamente, de fortalecer nuestro sistema inmune.

La primera de las cuatro nobles verdades de Buda es la verdad del sufrimiento, una verdad que se puede rechazar o aceptar como una parte inevitable de nuestra condición de humanos. Y cuando se aprende a aceptar, incluso a abrazar, las experiencias difíciles, el sufrimiento se convierte en una herramienta, en un instrumento para crecer.

EJERCICIO

Reflexionar sobre el sufrimiento

Dedique al menos veinte minutos a escribir sobre un período de su vida en el que haya experimentado sufrimiento. Describa lo que ocurrió, cómo se sintió y lo que siente ahora. ¿Qué impacto le produjo la experiencia? ¿Qué lecciones aprendió de ella? ¿En qué aspectos maduró? ¿Qué más puede aprender de esa experiencia? Trate de escribir sin realizar asociaciones, sin preocuparse por la claridad o la gramática.

Para que le resulte más beneficioso, repita este ejercicio –ya sea escribiendo sobre la misma experiencia o sobre otra experiencia dolorosa.[2]

13

SEXTA MEDITACIÓN: LA REGLA DE PLATINO

«No te olvides de quererte a ti mismo.»

Søren Kierkegaard

Una de las versiones de la regla de oro, que dice que no hagamos a los demás lo que no nos gustaría que nos hicieran a nosotros, encuentra su camino en muchos códigos morales, tanto seculares como religiosos. Debemos aplicar la regla de oro con los que tenemos más cerca. Pero ¿qué pasa con nosotros? La regla de oro da por supuesto el amor por uno mismo y lo utiliza como referencia del amor que hay que dar a los demás, el trato que nos damos a nosotros mismos como referencia del trato que hay que dar a los demás. Los sabios, sin embargo, suelen ignorar el hecho de que no todos nos queremos a nosotros mismos, o más bien que muchos dejamos de querernos cuando somos lo suficientemente mayores como para dirigir nuestro impulso crítico hacia nuestro interior.

Raramente condenamos a los demás por su falibilidad, pero, normalmente, nos negamos a aceptar nuestra propia humanidad. Como dice Diane Ackerman: «Nadie puede estar a la altura del perfeccionismo, y muchos no pretendemos que los demás lo estén, pero somos más exigentes con nosotros mismos».[1]

¿Por qué esta doble referencia: la generosidad con nuestros vecinos y la mezquindad con nosotros? Propongo que añadamos una nueva regla a nuestro código moral, que podemos llamar regla de platino: no te hagas a ti lo que no harías a los demás.

Tomar como referencia nuestra forma de comportarnos con los demás puede ayudarnos a reconocer actitudes irracionales, destructivas hacia nosotros. ¿Criticaría a su pareja si hiciera un discurso que no fuera perfecto? ¿Menospreciaría a su mejor amigo si no aprobara un examen? Si su hija o su padre no quedaran en primer lugar en una competición, ¿haría su registro imperfecto que disminuyera su amor por ellos? Seguramente no. Y, sin embargo, cuando somos nosotros los que no estamos a la altura, nos consideramos inadecuados, fracasados.

Cuando el Dalai Lama y algunos de sus seguidores empezaron a trabajar con científicos occidentales, descubrieron, para su sorpresa, que sufrían un problema de autoestima —que muchos occidentales no sólo no se amaban a sí mismos, sino que incluso se odiaban—. En la filosofía tibetana no existe la discrepancia entre el amor a uno mismo y a los demás —entre la mezquindad con nosotros y la generosidad con los demás—. En palabras del Dalai Lama: «Compasión o *tsewa,* según la tradición tibetana, es el estado mental o la actitud en la que extiendes la relación que tienes contigo mismo a los demás».[2] Cuando preguntaron al Dalai Lama si se podía sentir compasión por uno mismo, respondió: «Primero eres tú, y luego de una forma más avanzada, la aspiración incluirá a los demás. En cierta forma, unos niveles altos de compasión no son más que un estado avanzado del egoísmo o interés personal. Por eso es tan difícil que los que se odian profundamente a sí mismos puedan sentir compasión por los demás. No tienen ninguna referencia, ninguna base a partir de la cual empezar».

Numerosas investigaciones apuntan a la importancia de la autoestima para poder hacer frente a situaciones difíciles. Sin embargo, recientemente, los psicólogos Mark Leary y sus colegas han demostrado que, sobre todo en momentos difíciles, resulta más útil tener autocompasión que autoestima.[3] Leary explica: «La autocompasión ayuda a la gente a no culparse de todas las cosas malas que le suceden. Si una persona aprende a sentirse mejor consigo misma, pero sigue castigándose cada vez que fracasa o comete un error, será incapaz de superar sus dificultades sin ponerse a la defensiva».

La autocompasión implica ser comprensivo y amable con uno mismo, aceptando los pensamientos y los sentimientos negativos y reconociendo que las experiencias difíciles son propias del ser humano. También entraña ser capaz de perdonarse si un examen no va bien, si se comete un error en el trabajo, o si nos disgustamos cuando no deberíamos hacerlo. Leary afirma que «la sociedad norteamericana ha dedicado mucho tiempo y esfuerzo a intentar promover la autoestima cuando un ingrediente mucho más importante del bienestar puede ser la autocompasión».

Si bien el énfasis de Leary en la autocompasión es importante, la distinción que él y otros realizan entre autocompasión y autoestima puede ser innecesaria. Nathaniel Branden se refiere a la autoaceptación (muy similar a la autocompasión de Leary) como uno de los pilares de la autoestima. La autocompasión y la autoestima se encuentran íntimamente conectadas.

REFLEXIÓN ¿Es compasivo consigo mismo? ¿Podría serlo más?

Desde que el altruismo —el desinterés, la falta de egoísmo— se convirtió en lo más importante y en el ideal del mundo occidental, el amor por uno mismo pasó a ser el enemigo; se han emprendido todo tipo de acciones para erradicarlo.

Este asalto a la naturaleza humana —al amor por uno mismo y al egoísmo— ha causado terribles consecuencias, tanto a nivel político (en las sociedades comunistas, por ejemplo) como individual (con la epidemia de la baja autoestima).

El llamamiento al altruismo cogió la regla de oro y la distorsionó, sacando el amor a los demás fuera de contexto, fuera de su raíz emocional, que es el amor por uno mismo. Intentar reducir el amor por uno mismo con el objetivo de aumentar el amor por los demás produce el resultado contrario. Amar a los demás presupone amarse a sí mismo; como afirma el autor y filósofo Ayn Rand: «Para que una persona pueda decir "te quiero", primero tiene que ser capaz de quererse a sí misma».

EJERCICIO

Completar las frases siguientes

Complete las siguientes frases. Recuerde hacerlo sin pensar demasiado y analizando las respuestas sólo después de haberlas generado.

Si me quisiera un 5 por ciento más...
Para aumentar mi autoestima...
Para ser un 5 por ciento más compasivo conmigo mismo...
Para ser un 5 por ciento más compasivo con los demás...
Estoy empezando a ver que...

14

SÉPTIMA MEDITACIÓN: SÍ, PERO...

«El importante trabajo de mover el mundo hacia adelante no tienen por qué realizarlo hombres perfectos.»

George Eliot

La semana pasada tuve una cena. Estuvimos hablando de economía y política, comida y cocina, y deportes y literatura. En un momento dado, empezamos a enumerar libros que nos habían influido. Cuando me llegó el turno, empecé a comentar apasionadamente el libro *Built to Last,* que habla de empresas visionarias —organizaciones que han tenido un impacto significativo en el mundo a través de sus valores y su cultura—. Cuando mencioné a Walt Disney como ejemplo de líder visionario que había hecho una contribución significativa a la sociedad, el anfitrión me interrumpió: «Sí, pero dicen que era muy mezquino con sus empleados». La coletilla del «sí, pero...» atacaba.

Cuando se nombra a Bill Gates, se habla de su contribución tecnológica o de sus brillantes dotes para los negocios; luego, casi siempre, la coletilla del «sí, pero...» vuelve a la carga: «Sí, pero acabó con la competencia».

Sí, John Piermont Morgan ayudó al gobierno norteamericano en varias ocasiones y dictó una serie de normas empresariales, pero también intervino en algunos negocios turbios. Las grandes figuras políticas no se salvan de la coletilla del «sí, pero...». Sí, Lincoln liberó a los esclavos, pero en un discurso que hizo en Charleston antes de la guerra civil norteamericana, defendió la superioridad de la raza blanca. Y sí, puede que Gandhi llevara a la India a la libertad, pero en ocasiones se comportaba cruelmente con su mujer. La lista continúa.

La indiferencia que mostró Lincoln por la esclavitud fue, cuando menos, desalentadora; no obstante, sus acciones consiguieron liberar a millones de personas de la esclavitud. Puede que J. P. Morgan no sea un santo, pero desempeñó un papel muy importante en el desarrollo de la confianza en la economía y convirtió a Estados Unidos en el país más próspero del mundo. Y, sin embargo, mucha gente desestima a estas figuras heroicas por algún comentario hecho a la ligera, incapaces de aceptar que un héroe, fuera de las novelas y los cuentos de hadas, es, ante todo, un ser humano. La cuestión no es si el héroe perfecto existe, sino si nos fijamos en las cualidades más importantes de una persona, en sus logros y contribuciones, o si nos empeñamos en buscar activamente (e inevitablemente encontramos) sus defectos.

Las cualidades que advirtamos en nosotros y en los demás dependerán de si decidimos concentrarnos en lo positivo o en lo negativo. Cuando una persona sólo se fija en lo negativo —el perfeccionista que siempre anda buscando defectos—, considera lo malo como la fuerza activa del mundo y lo bueno como la fuerza pasiva, la ausencia de lo malo. Sin embargo, si una persona tiene una visión positiva —el optimalista que siempre busca los beneficios— percibe lo bueno como la fuerza generadora de la realidad y lo malo como la ausencia de bien.

No es casualidad que la metafísica de muchas religiones y filosofías describa el bien como la luz y el mal como la oscuridad. La luz es una fuerza activa; la oscuridad, la ausencia de luz, es pasiva. Una cortina de color oscuro no produce la oscuridad de una habitación iluminada, del mismo modo que una vela no ilumina un espacio oscuro. Cuando Edmund Burke declaró que «para que triunfe el mal, sólo es necesario que los buenos no hagan nada», identificó correctamente la relación entre las fuerzas positivas y negativas en la realidad: el mal es la ausencia de bien.

La conclusión de una focalización negativa —la idea de que el bien sólo puede existir si el mal está totalmente ausente— es que sólo una persona que no tenga ningún lado oscuro, ni una sola mancha en su reputación, puede ser buena. Nadie puede superar esta prueba y, por lo tanto, nadie merece ser digno de nuestra admiración.

La conclusión de una focalización positiva —la idea de que el mal es pasivo y el bien es activo— es que el mundo sólo mejorará si hay gente que hace el bien, gente valiente que actúa. Pero al actuar, estas personas, inevitablemente, cometerán errores, aunque éste es el riesgo que deben correr y el precio que tienen que pagar.

Aparte de condicionar la evaluación que hagamos de los demás, nuestra filosofía —que nos concentremos en lo positivo o en lo negativo— influye directamente en nuestra forma de vivir la vida. De que nos centremos en lo positivo o en lo negativo dependerá que gocemos de una existencia activa o pasiva. ¿Nos pasamos la vida huyendo de la infelicidad (negativo) o persiguiendo la felicidad (positivo)? ¿Evitamos pasivamente la depresión o buscamos activamente la felicidad? ¿Nos pasamos la mayor parte del tiempo generando luz o evitando la oscuridad? ¿Vivimos una vida activa aunque arriesgada (promoviendo el bien) o jugamos sobre seguro y no hacemos nada (evitando el mal)? Una orientación negativa tiene el miedo como fuerza motriz —el miedo a cometer errores, el miedo a la imperfección, el miedo al castigo—. Al fin y al cabo, no existe nadie, ni siquiera nuestros iconos culturales, capaz de mantenerse puro a sus propios ojos o a los de los demás, así que... ¿quién somos nosotros para intentarlo y por qué tendríamos siquiera que molestarnos?

Los perfeccionistas que se concentran en lo negativo tienen tanto miedo de hacer algo mal que muchas veces prefieren no hacer nada y optan por conformarse con las cosas tal como son. Los optimalistas, por el contrario, que se concentran en la parte positiva, saben que actuar conlleva, en ocasiones, cometer errores, pero que la buena vida no se consigue evitando errores, sino buscando activamente el bien. Concentrarse en el bien no significa ignorar el mal, sino más bien comprender que la forma más efectiva de erradicarlo es haciendo el bien.

REFLEXIÓN Piense cuándo podría estar utilizando la coletilla del «sí, pero...» tanto en relación con iconos culturales como con sus relaciones íntimas. ¿Qué precio tiene que pagar por esta forma de destitución?

En la historia —en la nuestra, la de nuestros héroes o la del mundo— siempre encontraremos lados oscuros, manchas que mancillan la pureza. Nuestro futuro personal y colectivo dependerá de cómo decidamos hacer frente a esas situaciones. ¿Nos encerramos en una burbuja aislándonos del peligro y de todo lo que podría ensuciar nuestras manos todavía más o seguimos el arriesgado camino de Prometeo, que robó el fuego de los dioses, lo entregó a los mortales y se arriesgó a morir quemado? ¿Seguimos siendo miembros pasivos de la sociedad que únicamente desaprueban o nos convertimos en activistas sociales que mejoran las cosas?

Es muy fácil criticar a grandes personalidades por sus fallos, por sus errores, pero nadie es perfecto. Como Theodore Roosevelt dijo en 1910: «No es el que critica el que tiene mérito, ni el que señala cómo se tambalea el hombre fuerte o qué se podría haber hecho mejor. El mérito es del que está realmente en la arena, del que tiene el rostro enturbiado por el polvo, el sudor y la sangre y que lucha valientemente; del que se equivoca y se queda corto una y otra vez, puesto que no hay esfuerzos sin errores o imperfecciones; del que conoce los grandes entusiasmos, las grandes devociones y se entrega a una causa noble; del que, en el mejor de los casos, conoce al fin la satisfacción de alcanzar el éxito y, en el peor de los casos, si fracasa, al menos lo hace arriesgándose, para que su lugar no esté entre las almas frías y tímidas que nunca habrán conocido la victoria ni la derrota».

No causar daño no haciendo nada nos convierte en cobardes, no en santos. Los verdaderos héroes son aquellos que se permiten ser humanos, los que saben que para hacer el bien deben arriesgarse a fracasar, que si actúan, corren el riesgo de ensuciarse. Y nosotros, que nos sentamos alrededor de la mesa, tenemos que estar agradecidos y dar las gracias a estos valientes e imperfectos mortales.

EJERCICIO

Marcar la diferencia

¿Cómo puede hacer del mundo un lugar mejor? Comprométase a hacer una o dos actividades que, de una manera u otra, puedan ayudar a los demás (ya sea escribir un artículo o editorial en el periódico local sobre un tema personalmente significativo, trabajar como voluntario en el colegio del barrio o dedicar un poco más de tiempo a un amigo que lo necesite). No espere. Hágalo, aunque sea de forma imperfecta.

Quien da, recibe. Ayudar a los demás y a la sociedad reporta numerosos beneficios, desde un aumento del bienestar hasta una mejora de la condición física y de la salud.[1]

15

OCTAVA MEDITACIÓN: LA INDUSTRIA PRO ENVEJECIMIENTO

> «Qué agradable será cuando por fin dejemos de luchar por mantenernos jóvenes —o delgados.»
>
> William James

En un estudio realizado a un grupo de hombres y mujeres mayores, Becca Levy, de la School of Public Health de la Universidad de Yale, descubrió que la percepción que la gente tiene del envejecimiento afecta significativamente a su longevidad. Los que tienen una visión positiva de la vejez viven una media de siete años más que los que la perciben como negativa.[1] La investigación de Levy también ha demostrado que una percepción positiva de la vejez afecta a la calidad de la vida, en el sentido de que aquellos que aceptan la vejez y el proceso de envejecimiento gozan de niveles de salud física y mental significativamente más altos. Uno de los estudios de Levy demostró que la activación de los estereotipos positivos del envejecimiento (como la sabiduría) mejoraba la memoria, mientras que la activación de los estereotipos negativos (como la senilidad) la empeoraba. Las hipótesis se convierten en profecías que se acaban cumpliendo.

La percepción de la vejez varía entre las culturas; esta percepción, a su vez, afecta a las creencias de los individuos dentro de la cultura y, consiguientemente, a su salud física y mental.

La cultura estadounidense, por ejemplo, suele adoptar una visión negativa del envejecimiento, y los norteamericanos sufren de una pérdida de memoria significativamente mayor en la vejez que los asiáticos, que por lo general proceden de culturas en las que el envejecimiento se contempla como algo favorable. Aparentemente, resulta más fácil convertirse en un chino sabio que en un norteamericano sabio.

Nuestras ideas sobre el envejecimiento también pueden afectarnos durante nuestra juventud. Si percibimos el envejecimiento como algo que debemos evitar, es mucho más probable que dediquemos más tiempo a tratar de escapar del destino que nos espera. Si, por el contrario, apreciamos y valoramos la madurez, tendremos mucho que esperar y perseguir. Gozaremos de mejor salud física y mental si dedicamos nuestro tiempo a perseguir lo positivo en lugar de a evitar lo negativo, especialmente cuando se trata de algo tan ineludible como el envejecimiento.

En Norteamérica y en otras culturas antienvejecimiento, millones de personas toman medidas extremas —gastando cantidades desorbitadas de tiempo, energía y dinero— para tratar de invertir el curso de la naturaleza. Si bien no hay nada inherentemente malo en tratar de parecer más joven y resulta muy conveniente tratar de mantener la forma física a lo largo de toda la vida, lo que puede convertirse en dañino es negarse a aceptar el proceso natural de envejecimiento y combatirlo obsesivamente.

Para vivir vidas más felices, más sanas y más largas, debemos modificar nuestra percepción del envejecimiento aceptando la realidad tal como es. Nos guste o no, con el tiempo cambiamos, en algunos aspectos para mejor y en otros para peor. Todos somos perfectamente conscientes del lado negativo del envejecimiento, especialmente del físico. Pero de lo que no somos tan conscientes es de que el envejecimiento brinda enormes oportunidades de crecimiento intelectual, emocional y espiritual.

No tengo ninguna intención de idealizar la vejez, simplemente quiero ofrecer una visión real de la misma, tanto de lo bueno como de lo malo. Evidentemente, es cierto que, en ocasiones, hacerse mayor puede acarrear dificultades, como por ejemplo la tendencia a enfermar y a sufrir achaques, e impactar en la persona mayor de forma inesperada y no deseada; pero resulta igualmente cierto que, con la edad, se adquieren ciertos beneficios. Lo que somos capaces de ver y comprender, de saber y apreciar con sesenta u ochenta años es muy distinto de lo que seremos capaces con veinte o treinta. No hay atajos para alcanzar la madurez emocional y mental; la sabiduría, la sensatez, la inteligencia y la perspectiva se adquieren con el tiempo y con la experiencia. Para envejecer bien se deben aceptar activamente las dificultades que van surgiendo con la edad y, al mismo tiempo, apreciar las oportunidades que se van presentando.

Para el que tiene una percepción negativa de la vejez, la vida se convierte en una batalla contra la pérdida de la juventud, una batalla que no puede ganar; el resultado es inevitablemente frustración e infelicidad —no sólo cuando se hace mayor, sino cuando todavía es joven—. Por el contrario, el que aprecia y valora la madurez puede sacar mucho partido al proceso natural de envejecimiento y crecimiento. En palabras de Oliver Wendell Holmes: «Algunas veces tener setenta años es mucho más alentador y prometedor que tener cuarenta».

REFLEXIÓN ¿En qué aspectos ha madurado y mejorado con el tiempo, con la edad? ¿Cómo espera seguir haciéndolo?

Una de las razones de la percepción negativa del envejecimiento es que, por lo general, en la actualidad, la generación más joven no acude a la generación más mayor en busca de consejo; en consecuencia, los jóvenes, y algunas veces los propios mayores, son incapaces de ver y apreciar la sabiduría que se puede adquirir con la edad. La culpa, al menos en parte, es de la tecnología. Actualmente, como la tecnología se queda obsoleta antes de que se seque la tinta, el orden de la naturaleza se ha invertido, y son los jóvenes quienes enseñan a los mayores. Generalizando del «conocimiento tecnológico» a «todo el conocimiento», muchos jóvenes creen que tienen todas las respuestas y no respetan la sabiduría de sus mayores ni aprecian el valor de la experiencia de la vida.

Una parte importante de cultivar un sentido de la identidad y de la individualidad, un proceso que se suele iniciar en la adolescencia, consiste en desestimar la sabiduría de la generación de los mayores, disfrutando de ese sentimiento de invencibilidad y del deseo de vivir la vida en los propios términos. Si bien esto puede ser algo natural y adecuado para un adolescente, un adulto maduro sabe aprender de los demás, especialmente de los que tienen más experiencia. Mark Twain captó a la perfección este proceso natural del rechazo a la apreciación: «Cuando tenía catorce años, mi padre era tan ignorante que no podía soportar tener a ese viejo cerca. Sin embargo, cuando cumplí los veintiuno, me asombró lo mucho que ese viejo había aprendido en siete años».

La Biblia dice: «Honrarás a tu padre y a tu madre: para que puedan ser largos tus días sobre la tierra que el Señor tu Dios te ha dado». Hoy en día disponemos de pruebas científicas que ilustran la conexión que hace la Biblia entre honrar a los padres, o a los mayores en general, y la longevidad. Si honramos y respetamos la sabiduría de los mayores —la de nuestros padres o la de otros—, si dedicamos tiempo a escucharlos y a aprender de ellos, podremos apreciarlos mucho más; a ellos y, por extensión, al proceso de envejecimiento. Y como demuestra la investigación, una visión positiva de la madurez nos hace vivir más y mejor.

A nivel de sociedad, habría que destinar parte de los fondos que se están invirtiendo en la industria para combatir el envejecimiento a la creación o a la mejora de una industria pro envejecimiento.[2] Esto supondría, por ejemplo, desviar parte del dinero que se invierte en cosmética y cirugía plástica a programas educativos para el aprendizaje a lo largo de toda la vida.

Oscar Wilde comentó en una ocasión que «la juventud se pierde en la juventud»; en el caso de los que no aprecian los beneficios de hacerse mayor, podemos decir que la vejez se pierde en la vejez.

Tanto si tenemos veinte como ochenta años, la decisión de dedicar el resto de nuestra vida a combatir el curso de la naturaleza o a abrazarlo nos corresponde sólo a nosotros.

EJERCICIO

Aprender de los mayores

Hable con gente más mayor que usted o con más experiencia que usted en alguna área. ¿Qué puede aprender de ellos? Pregúnteles por sus experiencias –por sus errores y sus éxitos– y por lo que han aprendido de ellas. Escuche de verdad, con atención, lo que tengan que decirle.

Si bien, en realidad, no soy partidario de dejar a un lado la capacidad crítica al escuchar las palabras de otras personas, jóvenes o mayores, sí que soy partidario de estar abierto a la sabiduría que sólo se puede obtener con la experiencia. No sólo aprenderemos mucho de la vida, sino que además podremos apreciar en mayor medida a los más mayores y cultivar así una visión más positiva de la vejez.

16

NOVENA MEDITACIÓN: LA GRAN DECEPCIÓN

«Nos sentimos como impostores. Manteniendo nuestros sentimientos en secreto, asumimos que no hay nadie en la tierra tan neurótico, nadie tan imperfecto.»

Diane Ackerman

Desde el siglo XIX y el reinado de Victoria de Inglaterra, se han producido muchos cambios y muchos avances. Las revoluciones, como los maremotos, han creado un nuevo orden mundial no sólo a nivel político, sino en la vida cotidiana (en la forma de vestir y de hablar, en la forma de abordar el sexo y el arte). En términos generales, el cambio que se ha producido en los últimos siglos ha sido de un recato excesivo a lo que muchos calificarían de apertura excesiva. Sin embargo, si lo analizamos un poco más detenidamente, comprobamos que gran parte de este cambio parece más importante de lo que en realidad es.

Nos enorgullecemos de ser menos comedidos e inhibidos que nuestros ancestros, pero el progreso ha sido superficial. Si bien hemos aprendido a exponer nuestros cuerpos, nuestros corazones siguen enterrados, y aunque debatamos abiertamente el tema del sexo, hablar de amor es tabú. En verano, las calles de Nueva York están atiborradas de cuerpos medio desnudos y, sin embargo, sólo desnudamos nuestras almas en la privacidad de la consulta del terapeuta.

Nos hemos convertido o, tal vez, hemos seguido siendo unos mojigatos emocionales.

En Reino Unido, Nueva Inglaterra y otros países del siglo XIX, la señal de identidad de una señora era su habilidad para disimular sus sentimientos y suprimir sus deseos; la marca de un auténtico caballero se hallaba en su capacidad de trascender sus emociones. Actualmente, muchos de nosotros (los perfeccionistas en particular) tenemos la impresión de que debemos suprimir nuestro malestar emocional y ser, o al menos parecer, felices.

Esta expectativa perfeccionista (mostrar una cadena de emociones positivas) genera mucha infelicidad. Nos enseñan a esconder nuestro dolor, a simular una sonrisa, a poner cara de valientes. Y cuando casi todo lo que vemos son sonrisas perfectas en los rostros perfectamente bronceados de los demás, empezamos a creer que nosotros somos los raros por habernos sentido algunas veces tristes o solos, o no tan felices o enteros como todos los demás parecen estar. Al no querer ser los raros, arruinar el circo y revelar nuestros sentimientos más íntimos y dolorosos, ocultamos nuestra infelicidad con nuestra propia careta de payasos, y cuando nos preguntan cómo estamos, respondemos, con un guiño y una sonrisa: «¡Genial!». Luego, corremos a la consulta del psiquiatra y le exigimos, aunque él no necesita que le exijan nada, que haga desaparecer nuestra tristeza. Nos unimos a la caravana de la locura, nos convertimos en cómplices de la gran decepción que niega la humanidad de la humanidad.

En su libro *Honestidad radical,* Brad Blanton escribe: «Todos mentimos condenadamente. Estamos agotados. Es la principal causa del estrés humano. Mentir mata».[1] Para la mayoría (a excepción del psicópata), mentir es estresante, motivo por el cual suelen funcionar los detectores de mentiras. Cuando ocultamos una parte de nosotros, cuando mentimos sobre nuestros sentimientos, al estrés normal asociado a la mentira se suma el estrés de suprimir las emociones. Por el contrario, cuando reconocemos cómo nos sentimos a nosotros mismos y a los que nos rodean, nos volvemos más capaces de experimentar la calma que proporciona la honestidad, el alivio y la liberación que produce darnos permiso para ser humanos.

Un estudio recientemente publicado en Alemania ha demostrado que aquellos empleados, como los vendedores y las azafatas, que deben sonreír con frecuencia en su lugar de trabajo son más propensos a sufrir depresión, estrés, problemas cardiovasculares y presión alta.[2] Mucha gente necesita ponerse una máscara, por lo menos durante una parte del día; la cortesía básica humana exige que algunas veces debamos poner freno a nuestras emociones, ya sean de rabia, frustración o de pasión. La solución a este problema —tanto si una persona tiene que fingir la mayor parte del día porque trabaja en el sector servicios o sólo una parte del día, como los que tienen que interactuar con otras personas— es encontrar lo que Brian Little denomina un «nicho reparador». El nicho puede consistir en compartir los sentimientos con un amigo de confianza, escribir lo que se nos ocurra en un diario personal o, simplemente, invertir un tiempo a solas en nuestra habitación. Dependiendo de la constitución, algunos pueden necesitar diez minutos para recuperarse de una decepción emocional y otros, horas. La clave durante el período de recuperación se halla en dejar de fingir, en ser realista y darse permiso para sentir cualquier emoción que surja.

Se ha escrito y hablado mucho de mantener conversaciones positivas con uno mismo (por ejemplo, repetirnos «Soy maravilloso» cuando estamos desanimados, «Soy fuerte» cuando estamos pasando por un momento difícil o «Cada día soy un poco mejor en todo» cada mañana frente al espejo). La evidencia de que este tipo de palabras de ánimo funcionen resulta débil, e incluso diversos psicólogos sugieren que, de hecho, pueden ser más nocivas que beneficiosas. Lamentablemente, se ha dicho muy poco de las conversaciones sinceras con uno mismo, reconociendo honestamente lo que se está sintiendo en un momento dado. Si estamos tristes, puede ser mucho más útil decirse «Estoy realmente triste» o «Estoy destrozado» —a uno mismo o a alguien de confianza— que decirse «Soy fuerte» o «Estoy contento».

REFLEXIÓN ¿En qué aspectos de su vida se ve obligado a ponerse una máscara emocional? ¿En dónde y con quién puede crear nichos reparadores?

Si suprimimos nuestras emociones, no sólo somos más infelices, sino que además hacemos infelices a los demás. De este modo, la gran decepción (hacer ver que somos muy felices cuando, en realidad, no lo somos) contribuye a la gran depresión (a aumentar los niveles de infelicidad en el mundo). Cuando nos ponemos una máscara frente a los demás, les comunicamos que todo el mundo está estupendo, excepto ellos, lo cual los hace sentirse peor e incluso más decididos a ocultar su dolor. Al esconder perpetuamente nuestras emociones, no damos permiso a los demás para que compartan las suyas. Y al mismo tiempo, sus rostros alegres nos comunican que todos están estupendos, y nosotros, en consecuencia, nos sentimos todavía peor. Y así se repite el proceso, todos sonriendo durante el baile de gestos y palabras falsas, inmersos en una espiral de decepción y depresión.

Hay algunos que creen que la tendencia común a sentirse mejor cuando los demás confiesan su dolor deja al descubierto nuestro lado más oscuro. Los alemanes cuentan con una palabra para ello, *schadenfreude,* que Gary Coleman, de *Avenue Q,* define como «felicidad a expensas de la desgracia de los demás». Pero existe otra interpretación, más generosa, de por qué el dolor compartido del prójimo puede ser beneficioso para nosotros: nos sentimos mejor porque reconocemos que somos normales y no estamos solos.

La apertura emocional no implica que tengamos que desnudar nuestro corazón, que no siempre es útil o conveniente. Sin embargo, existe un término medio entre la apertura y la cerrazón emocional total. Una respuesta honesta ocasional como «Un poco triste» o «Ligeramente ansioso», en respuesta a un «¿Cómo estás?» sincero puede ayudarnos, y los que están a nuestro alrededor se sentirán un poco menos tristes y ligeramente más esperanzados. Si bien debemos reservar la apertura total para las charlas con la almohada, el diván del terapeuta o el ordenador protegido por la contraseña, sería recomendable limitar el uso de la máscara perfecta tal vez a una reunión del consejo o a una fiesta de Halloween.

Algunos afirman que, emocionalmente hablando, hemos experimentado un retroceso desde la época victoriana. El psiquiatra Julius Heuscher, lamentándose del desprecio moderno hacia la expresión de las emociones, cita al legendario actor francés Maurice Chevalier: «Las chicas solían ruborizarse cuando tenían vergüenza, ahora se avergüenzan cuando se ruborizan». Así que, en lugar de pretender haber evolucionado, como hacemos al juzgar los usos y las costumbres victorianos, hay que avanzar de verdad, y para eso debemos ser sinceros.

EJERCICIO

Completar las siguientes frases

Escriba al menos seis finales para cada una de las siguientes frases incompletas, lo más rápidamente posible, sin analizar o pensar demasiado. Una vez completadas, revise sus respuestas, piense en ellas y, por escrito, comprométase a la acción.

Para ser un 5 por ciento más abierto en relación con mis sentimientos...
Si soy más abierto en relación con mis sentimientos...
Si soy un 5 por ciento más consciente de mis miedos...
Cuando oculto mis emociones....
Para ser un 5 por ciento más sincero...

17

DÉCIMA MEDITACIÓN: SABER Y NO SABER

«La señal invariable de la sabiduría es ver lo milagroso en lo corriente.»

Ralph Waldo Emerson

Todo el mundo teme lo desconocido. Nos morimos por saber qué sucedió el verano pasado, la noche pasada o en épocas prehistóricas. Deseamos conocer qué ocurrirá la próxima semana y cómo será el mundo dentro de diez o mil años. Buscamos la certeza en el presente, saber cómo es nuestra vida en este momento. Más que las malas noticias, lo que nos da miedo es la falta de noticias; preferimos un diagnóstico negativo pero cierto que un diagnóstico positivo pero incierto. Aparte de mera curiosidad, el deseo de saber es una necesidad existencial profunda —porque el conocimiento es poder y la ausencia de conocimiento implica debilidad.

El descubrimiento —o, como algunos dirían, la invención— de Dios alivia la ansiedad que produce no saber. Los mortales que prometen seguridad son coronados reyes. Cuando nuestro futuro está en peligro, como en épocas de guerra, seguimos al líder que promete el consuelo del conocimiento definitivo. Cuando estamos enfermos, ponemos al médico en un pedestal. Cuando somos niños, acudimos a los aparentemente todopoderosos adultos para reducir nuestra ansiedad. Más tarde, cuando se ponen de manifiesto las imperfecciones de nuestros padres, los reemplazamos por Dios, un gurú o un guía.

Y sin embargo, en nuestro interior seguimos experimentando ansiedad porque, en lo más profundo de nuestro ser, reconocemos que no sabemos. La historia, la arqueología y la psicología no pueden explicar totalmente nuestros pasados privados y colectivos. Descripciones detalladas de la vida después de la muerte, el horóscopo del próximo mes y, desgraciadamente, incluso las galletas de la suerte no ofrecen una imagen clara de lo que nos deparará el día de mañana o el de después de mañana. Y si realmente nos detenemos a pensar en ello, comprobamos que ni siquiera nos acercamos a saber qué nos va a deparar el presente.

¿Cómo podemos superar este miedo? Sin duda la religión ayuda, y eso explica por qué los creyentes suelen ser más felices que los no creyentes. Pertenecer a un grupo que tiene reglas y limitaciones claras también puede aportar un poco de claridad a nuestra confusión. Leer el *New England Journal of Medicine*, el *Psychological Bulletin*, el *European Journal of Archaeology* o el último número de *Science Magazine* nos puede ayudar a dormir mejor por la noche, porque, aunque tal vez estas revistas especializadas no puedan responder a todos nuestros interrogantes, sin duda contienen muchas respuestas. Pero, por lo general, al final siempre acaba siendo insuficiente.

Entonces, ¿qué podemos hacer? Hemos de aceptar que algunas veces no sabemos y no podemos saber. Hemos de admitir la incertidumbre para sentirnos más cómodos en su presencia. Luego, una vez nos sintamos cómodos con nuestra ignorancia, estaremos más preparados para reconstruir nuestra incomodidad con lo desconocido y verlo desde la perspectiva del descubrimiento y la inspiración. Debemos aprender a ver el mundo —y la vida— como un milagro que se va a producir.

La palabra milagro tiene su origen en la palabra latina *mirus,* que significa «maravilla». Los milagros, si se interpretan como situaciones que «suscitan admiración y asombro», no sólo se producen en los cuentos de hadas, en generaciones pasadas, ante los santos —es decir, en el ámbito sobrenatural.

La naturaleza en sí misma, en su totalidad, es un milagro. Como recuerda Ralph Waldo Emerson: «Si las estrellas aparecieran una noche cada mil años, ¡cómo creerían en ellas los hombres y las adorarían, y preservarían por muchas generaciones el recuerdo de la ciudad de Dios que les fue mostrada! Pero estos emisarios de la belleza llegan cada noche y alumbran el universo con su sonrisa admonitoria».

Las estrellas, los árboles y los animales son, en realidad, un fenómeno de difícil comprensión, un milagro. El hecho de que podamos escribir, ver, sentir y pensar —ser en definitiva— constituye un milagro. La amenaza del tiempo, que conecta pasado, presente y futuro, resulta inexplicable, un milagro. En palabras de George Bernard Shaw: «Los milagros, en el sentido de fenómenos que no podemos explicar, nos rodean por todas partes; la vida misma es el milagro de los milagros».

No hay nada de malo en aceptar, y abrazar, nuestra falta de conocimiento y la de los demás. En su ensayo *Leadership as the legitimation of doubt*, Karl Weick, psicólogo conductista organizacional, sostiene que las personas más exitosas aceptan la incertidumbre y no tienen miedo a admitir que no saben.[1]

Aceptar la incertidumbre no implica tener que llegar tan lejos como Sócrates al declarar que era el hombre vivo más sabio «porque sólo sé que no sé nada». Evidentemente, algunos aspectos los conocemos con un alto grado de certeza, como, por ejemplo, que las estrellas brillarán al caer la noche; aunque en realidad no sabemos por qué, sabemos que los árboles seguirán creciendo mientras reciban luz del sol, agua y aire; y si bien no tengo ningún control sobre mi mortalidad, sé que en este momento estoy vivo —que estoy viviendo el momento presente y sé que ahora estoy pensando y que estoy aquí.

Hemos de ver nuestra ignorancia dominante, aunque selectiva, de una forma realista —admitiendo la falta de conocimiento del mismo modo que aceptamos el conocimiento—. Tenemos que aceptar tanto lo que sabemos como lo que no podemos saber.

De este modo, la próxima vez que nos topemos con un obstáculo en el camino —algo que puede suceder ahora y en cualquier otro momento de nuestra vida—, en lugar de abordarlo con miedo por no saber exactamente lo que hay delante o detrás o justo enfrente de nosotros, podremos aproximarnos con expectación; porque después de todo, somos milagros vivientes.

EJERCICIO

Caminar, simplemente

El difunto Phil Stone, uno de los pioneros de la psicología positiva, se convirtió en mucho más que mi maestro. Aparte de compartir su inmenso conocimiento de las ciencias sociales conmigo, fue extremadamente generoso con su tiempo a la hora de aconsejarme y apoyarme. Es el tipo de modelo de profesor que deseo ser para mis alumnos.

En 1999, Phil me llevó con él a Lincoln, Nebraska, para asistir a la primera cumbre de psicología positiva. La segunda jornada de la conferencia amaneció como uno de esos típicos días de septiembre: el cielo estaba medio nublado y soplaba una brisa cálida y agradable. Tras las conferencias de la mañana, Phil me dijo:

–Vamos a dar un paseo.

–¿Adónde? –pregunté.

–A caminar, simplemente.

Ha sido una de las lecciones más importantes que he aprendido en mi vida.

Vaya a dar una vuelta, sin un objetivo concreto, excepto relajarse un poco –experimentar y saborear y apreciar la riqueza del mundo en el que vivimos–. Limítese a tomarse su tiempo, a sentir el pulso de la ciudad, la tranquilidad del pueblo, la inmensidad del océano, o la riqueza de los bosques. Haga de caminar un ritual habitual.

Helen Keller cuenta la historia de una amiga que acababa de volver de dar un largo paseo por el bosque. Cuando Keller le preguntó a su amiga qué había visto, la amiga respondió: «Nada en particular». Keller escribe: «Me pregunté cómo era posible caminar durante una hora por el bosque y no ver nada especial. Yo, que no puedo ver, percibo centenares de cosas: la delicada simetría de una hoja, la suavidad de la corteza de un abedul, la dureza y la aspereza de un pino. Yo, que soy ciega, puedo dar un consejo a los que pueden ver: utilizad vuestros ojos como si mañana fuerais a quedaros ciegos. Escuchad la música de las voces, el canto de los pájaros, los impresionantes sonidos de la orquesta como si mañana fuerais a quedaros sordos. Tocad cada objeto como si mañana fuera a fallaros vuestro sentido del tacto. Oled el perfume de las flores, saboread cada bocado condimentado como si mañana no pudierais oler o volver a saborear. Sacad el máximo partido a cada uno de vuestros sentidos. Disfrutad de todas las facetas y los placeres del mundo y de la belleza que os revela».

CONCLUSIÓN

«Dios, dame serenidad para aceptar las cosas que no puedo cambiar, valor para cambiar las cosas que puedo cambiar y sabiduría para poder diferenciarlas.»

Reinhold Niebuhr

«Me llamo Tal y soy un perfeccionista.»

Aceptar que el perfeccionismo siempre formará parte de mi vida ha sido muy liberador. Paradójicamente, reconocer que el perfeccionismo nunca desaparecerá totalmente de mi vida me ha hecho un poco más optimalista.

No existe un momento en la vida —como en un tiempo esperaba que lo hubiera— en el que pasas del perfeccionismo al optimalismo, en el que dejas de rechazar el fracaso y las emociones negativas y, en ocasiones, el éxito. Sin embargo, todos somos capaces de aumentar el número de ocasiones en que aceptamos que no hemos llegado, en que admitimos nuestros sentimientos negativos y en que nos damos permiso para apreciar nuestros éxitos y disfrutar de ellos.

Perfeccionismo y optimalismo no son distintas formas de ser; es decir, no son excluyentes, sino que pueden coexistir en una persona. Y si bien todos podemos pasar del perfeccionismo al optimalismo, nunca dejaremos totalmente atrás el perfeccionismo y nunca alcanzaremos plenamente el optimalismo.

El optimalismo ideal no es una tierra lejana a la que hay que llegar, sino una estrella lejana que nos guía y que nunca podremos alcanzar. Como dijo Carl Rogers: «La buena vida es un proceso, no un estado del ser. Es una dirección, no un destino».[1]

Han pasado casi dos décadas desde que decidí superar mi perfeccionismo y la lucha continúa. No obstante, ya no es una lucha de titanes. He hecho auténticos progresos, y la calidad de los combates ha mejorado con el paso de los años. Actualmente disfruto mucho más del viaje y acepto (algunas veces incluso me maravillo) los obstáculos que voy encontrando en el camino. El perfeccionismo y el optimalismo forman parte de mí. Y en este momento puedo decir, sin violar el principio de no contradicción de Aristóteles: «Me llamo Tal y también soy un optimalista».

AGRADECIMIENTOS

Para una persona con tendencias perfeccionistas, escribir la sección de agradecimientos de este libro puede resultar especialmente difícil. Una sección perfecta mencionaría a todos los que han participado, de una forma directa o indirecta, en él. Ante la imposibilidad de dar las gracias a todas las personas con las que estoy en deuda, pondré en práctica las ideas expresadas anteriormente y me conformaré con una solución que «no está mal», pero que, lamentablemente, implica tener que omitir muchos nombres. Mis disculpas y mi gratitud hacia todos ellos.

Kim Cooper, mi querida amiga y brillante profesora, aportó una ayuda muy valiosa a los borradores de este libro. A lo largo de todo el proceso, me ayudó a aclarar mis ideas y a perfeccionar la redacción.

Las ideas de Katy Aisenberg también lograron hacerse un hueco en estas páginas —y en mi vida— con mucha gracia y consideración. El apoyo de Zvia Sarel, emocional e intelectual, ha sido inconmensurable.

Mis amigos, compañeros de trabajo y alumnos del Interdisciplinary Center de Herzliya (Israel) proporcionaron el entorno de trabajo sobre el que hasta entonces sólo había leído.

Estoy en deuda con Idan Ofer por haber creído en mí y haberme brindado la oportunidad de equivocarme y aprender de mis errores. Mi agradecimiento también a Rami Ziv, amigo y profesor, que, cuando tenía dieciséis años, plantó la semilla que me permitió desarrollar mi conocimiento del «permiso para ser humano».

En los últimos diez años, Ohad Kamin me ha animado e inspirado a escribir, pensar y experimentar. Mis amigos y compañeros Jan Elsner, Barbara Heilemann y Amanda Horne amplían mis conocimientos cada vez que nos reunimos. Adam Vital leyó detenidamente el manuscrito y aportó comentarios muy perspicaces sobre el mismo.

He tenido la gran suerte de trabajar con C. J. Lonoff de Speaking Matters LLC, al que agradezco mucho su profesionalidad y dedicación. Mi más sincero agradecimiento a John Aherne y a Ann Pryor de McGraw-Hill por su valiosa ayuda y por hacer de los negocios un placer. A Rafe Sagaly, Bridget Wagner, Jennifer Graham Redd y Shannon O'Neill de la Sagalyn Agency: ¿qué hubiera hecho sin vosotros?

No hay palabras para expresar mi gratitud a mi familia —a mis padres, a mis hermanos y a otros familiares— que nunca ha dejado que olvide, por inmerso que haya estado en mi trabajo, lo que la vida significa realmente.

Este libro está dedicado a Tami, mi mujer y mi modelo de conducta, que cada día me demuestra que el amor óptimo, sobre el que escribo en estas páginas, existe de verdad.

NOTAS BIBLIOGRÁFICAS

Introducción

1. Blatt, S. J., «The Destructiveness of Perfectionism: Implications for the Treatment of Depression», *American Psychologist,* 50 (1995), pp. 1003-1020.

2. Burns, D., «The Perfectionist's Script for Self Defeat», *Psychology Today,* noviembre de 1980, pp. 34-57.

3. Hamachek, D. E., «Psychodynamics of Normal and Neurotic Perfectionism», *Psychology,* 15 (1978), pp. 27-33.

4. Me he basado en el trabajo de Hewitt y Flett, así como en el de Frost *et al.*, que describen el perfeccionismo como una construcción multidimensional. Véase Hewitt, P. L., y Flett, G. L., «Perfectionism in the Self and Social Contexts: Conceptualization, Assessment and Association with Psychopathology», *Journal of Personality and Social Psychology,* 60 (1991), pp. 456-470; Frost, R. O., Marten, P., Lahart, C., y Rosenblate, R., «The Dimensions of Perfectionism», *Cognitive Therapy and Research,* 14 (1990), pp. 449-468.

5. Esta definición procede de *The Positive Psychology Manifesto,* y fue introducida por primera vez en 1999 por algunos de los investigadores más importantes en este campo. La definición completa es: «La psicología positiva es el estudio científico del funcionamiento humano óptimo. Pretende descubrir y promover los factores que hacen que los individuos y las comunidades puedan prosperar. El movimiento de la psicología positiva representa un nuevo compromiso por parte de los psicólogos que se dedican a la investigación a concentrar su atención en las fuentes de salud psicológica, superando así el énfasis previo en las enfermedades y los desórdenes».

6. Rogers, C., *On Becoming a Person: A Therapist's View of Psychotherapy*, Constable, 1961. Versión en castellano: *El proceso de convertirse en persona: mi técnica terapéutica*, Ediciones Paidós Ibérica, Barcelona, 2001.

Capítulo 1

1. Frost *et al.* hablan del «miedo a equivocarse» como una de las dimensiones del perfeccionismo. Véase Frost, R. O., Marten, P., Lahart, C., y Rosenblate, R., «The Dimensions of Perfectionism», *Cognitive Therapy and Research,* 14 (1990), pp. 449-468.

2. Carson, S. H. y Langer, E. J., «Mindfulness and Self-Acceptance», *Journal of Rational-Emotive and Cognitive-Behaviour Therapy*, 24 (2006), pp. 29-43.

3. Pacht, A. R., «Reflections on Perfection», *American Psychologist,* 39 (1984), pp. 386-390.

Burns habla extensamente de la filosofía del todo o nada. Véase Burns, D., *Feeling Good: The New Mood Therapy*, Harper, 1999. Versión en castellano: *Sentirse bien*, 1.ª ed., Ediciones Altaya, Barcelona, 1995.

4. El relativismo, en realidad, es un perfeccionismo disimulado, que suscribe la noción de la inexistencia de los absolutos.

5. Morling, B. y Epstein, S., «Compromises Produced by the Dialectic Between Self-Verification and Self-Enhancement», *Journal of Personality and Social Psychology*, 73 (1997), pp. 1268-1283; Swann, W. B., Pelham, B. W., y Krull, D. S., «Agreeable Fancy or Disagreeable Truth? Reconciling Self-Enhancement and Self-Verification», *Journal of Personality and Social Psychology*, 57 (1989), pp. 782-791.

6. Thoreau, H. D., *Walden and Civil Disobedience,* Signet Classics, 2004. Versión en castellano: *Walden: la desobediencia civil*, Parsifal Ediciones, Barcelona, 1989.

7. Emerson, R. W., *Emerson: Essays and Lectures*, Library of America, 1983. Versión en castellano: *Ensayos*, Espasa-Calpe, Madrid, 2001.

8. Frost, R. O., Marten, P., Lahart, C., y Rosenblate, R., «The Dimensions of Perfectionism», *Cognitive Therapy and Research,* 14 (1990), pp. 449-468; Flett, G. L., Blankstein, K. R., Hewitt, P. L. y Koledin, S., «Components of Perfectionism and Procrastination in College Students», *Social Behaviour and Personality*, 20 (1992), pp. 85-94; Flett, G. L. y Hewitt, P. L., *Perfectionism: Theory, Research and Treatment,* American Psychological Association, 2002; Franco-Paredes, K., Mancilla-Díaz, J.M., Vázquez-Arévalo, R., López-Aguilar, X., y Álvarez-Rayón, G., «Perfectionism and Eating Disorders: a Review of the Literature», *European Eating Disorders Review*, 13 (2005), pp. 61-70.

9. Branden, N., *The Six Pilars of Self Esteem,* Bantam Books, 1994. Versión en castellano: *Los seis pilares de la autoestima*, Ediciones Paidós Ibérica, Barcelona, 1998.

10. Bednar, R. L., y Peterson, S. R., *Self Esteem: Paradoxes and Innovations in Clinical Theory and Practice,* American Psychological Association, 1995.

11. Blatt, S. J., «The Destructiveness of Perfectionism: Implications for the Treatment of Depression», *American Psychologist,* 50 (1995), pp. 1003-1020.

12. Bardone-Cone, A. M., Wonderlich, S. A., Frost, R. O., Bulik C. M., Mitchell, J. E., Uppala, S., y Simonich, H., «Perfectionism and Eating Disorders: Current Status and Future Directions», *Clinical Psychology Review,* 27 (2007), pp. 384-405.

13. Rogers, C., *On Becoming a Person: A Therapist's View of Psychotherapy,* Constable, 1961. Versión en castellano: *El proceso de convertirse en persona: mi técnica terapéutica,* Ediciones Paidós Ibérica, Barcelona, 2001.

14. Bardone-Cone, A. M., Wonderlich, S. A., Frost, R. O., Bulik C. M., Mitchell, J. E., Uppala, S., y Simonich, H., «Perfectionism and Eating Disorders: Current Status and Future Directions», *Clinical Psychology Review,* 27 (2007), pp. 384-405.

15. Yerkes, R. M., y Dodson, J. D., «The Relation of Strength of Stimulus to Rapidity of Habit-Formation», *Journal of Comparative Neurology and Psychology,* 18 (1908), pp. 459-482.

16. Gardner, H., *Creating Minds: an Anatomy of Creativity as Seen through the Lives of Freud, Einstein, Picasso, Stravinsky, Eliot, Graham and Gandhi,* Basic Books, 1994. Versión en castellano: *Mentes creativas: una anatomía de la creatividad vista a través de las vidas de S. Freud, A. Einstein, P. Picasso, I. Stravinsky, T. S. Elliot, M. Graham y M. Gandhi,* Ediciones Paidós Ibérica, Barcelona, 1995.

17. Flett, G. L., Blankstein, K. R., Hewitt, P. L., y Koledin, S., «Components of Perfectionism and Procrastination in College Students», *Social Behaviour and Personality,* 20 (1992), pp. 85-94.

18. Koch, R., *Living the 80/20 Way: Work Less, Worry Less, Succeed More, Enjoy More,* Nicholas Brealey Publishing, 2005. Versión en castellano: *El principio 80/20: el secreto de lograr más con menos,* Ediciones Paidós Ibérica, Barcelona, 2009.

Mancini, M., *Time Management: 24 Techniques to Make each Minute Count at Work,* McGraw-Hill, 2007. Versión en castellano: *Domine su tiempo,* McGraw Hill-Interamericana de España, Madrid, 2004.

19. Bem, D. J., «Exotic Becomes Erotic: A Developmental Theory of Sexual Orientation», *Psychological Review,* 103 (1996), pp. 320-335.

20. Carson, S. H., y Langer, E. J., «Mindfulness and Self-Acceptance», *Journal of Rational-Emotive and Cognitive-Behaviour Therapy,* 24 (2006), pp. 29-43.

21. Para más información sobre los beneficios de tener un diario, véase Pennebaker, J. W., *Opening up,* Guilford Press, 1997. Versión en castellano: *El arte de confiar en los demás,* Alianza Editorial, Madrid, 1994.

Capítulo 2

1. Wegner, D. M., *White Bears and Other Unwanted Thoughts: Suppression, Obsession and the Psychology of Mental Control,* Guilford Press, 1994; Wenzlaff, R. M., y Wegner, D. M., «Thought Suppression», *Annual Review of Psychology,* 51 (2000), pp. 59-91.

2. Barlow, D. H., y Craske, M. G., *Mastery of Your Anxiety and Panic: Workbook*, Oxford University Press, 2006; Craske, M. G., Barlow, D. H., y O'Leary, T. L., *Mastery of Your Anxiety and Panic: Client Workbook*, Oxford University Press, 2004.

3. Ricard, M., *Happiness: A Guide to Developing Life's Most Important Skill,* Little, Brown and Company, 2006. Versión en castellano: *En defensa de la felicidad,* Ediciones Urano, Barcelona, 2005.

4. Williams, M. G., Teasdale, J. D., Segal, Z. V., y Kabat-Zinn, J., *The Mindful Way Through Depression: Freeing Yourself from Chronic Unhappiness,* Guilford Press, 2007.

5. Williams, M. G., Teasdale, J. D., Segal, Z. V. y Kabat-Zinn, J., *The Mindful Way through Depression: Freeing Yourself from Chronic Unhappiness,* Guilford Press, 2007.

6. Lyubomirsky, S., *The How of Happiness: a Scientific Approach to Getting the Life you Want,* Penguin Press, 2007. Versión en castellano: *La ciencia de la felicidad: un método probado para conseguir el bienestar*, Ediciones Urano, Barcelona, 2008; Ray, R. D., Wilhelm, F. H., y Gross, J. J., «All in the Mind's Eye? Anger Rumination and Reappraisal», *Journal of Personality and Social Psychology,* 94 (2008), pp. 133-145.

7. Pennebaker, J. W., *Opening up,* Guilford Press, 1997. Versión en castellano: *El arte de confiar en los demás*, Alianza Editorial, Madrid, 1994.

8. Branden, N., *The Six Pilars of Self Esteem,* Bantam Books, 1994. Versión en castellano: *Los seis pilares de la autoestima*, Ediciones Paidós Ibérica, Barcelona, 1998.

9. Kabat-Zinn, J., *Full Catastrophe Living: The Wisdom of your Body and Mind to Face Stress, Pain and Illness,* Delta, 1990. Versión en castellano: *Vivir con plenitud las crisis: cómo utilizar la sabiduría del cuerpo y de la mente para afrontar el estrés, el dolor y la enfermedad,* Editorial Kairós, Barcelona, 2010.

10. Rogers, C., *On Becoming a Person: A Therapist's View of Psychotherapy,* Constable, 1961. Versión en castellano: *El proceso de convertirse en persona: mi técnica terapéutica*, Ediciones Paidós Ibérica, Barcelona, 2001.

11. Newman, L. S., Duff, K. J., y Baumeister, R. F., «A New Look at Defensive Projection: Thought Suppression, Accessibility, and biased person perception», *Journal of Personality and Social Psychology,* 72 (1997), pp. 980-1001.

12. Calhoun, L. G., y Tedeschi, R. G., *The Handbook of Postraumatic Growth: Research and Practice*, Lawrence Erlbaum Associates, 2005.

13. Kuhn, T. S., *The Structure of Scientific Revolution,* University of Chicago Press, 1996. Versión en castellano: *La estructura de las revoluciones científicas*, 14.ª ed., Fondo de Cultura Económica de España, Madrid, 2000.

14. Gibran, K., *El profeta*, Knopf, 1923. Versión en castellano: *El profeta*, Alba Editorial, Madrid, 1985.

15. Maslow, A. H., *The Farther Reaches of Human Nature,* Penguin, 1993.

James, W., *William James: Writings 1902-1910*, Library of America, 1988.

16. Worden, J. W., *Grief Counselling and Grief Therapy: a Handbook for the Mental Health Practitioner,* 4.ª ed., Springer Publishing Company, 2008. Versión en castellano: *El tratamiento del duelo: asesoramiento psicológico y terapia*, Ediciones Paidós Ibérica, Barcelona, 2004.

17. Emerson, R. W., *Emerson: Essays and Lectures*, Library of America, 1983. Versión en castellano: *Ensayos*, Espasa-Calpe, Madrid, 2001.

18. Kabat-Zinn, J., *Full Catastrophe Living: The Wisdom of your Body and Mind to Face Stress, Pain and Illness,* Delta, 1990. Versión en castellano: *Vivir con plenitud las crisis: cómo utilizar la sabiduría del cuerpo y de la mente para afrontar el estrés, el dolor y la enfermedad*, Editorial Kairós, Barcelona, 2010.

19. Bennett-Goleman, T., *Emotional Alchemy: How the Mind Can Heal the Heart*, Three Rivers Press, 2002.

Capítulo 3

1. Camus, A., *The Myth of Sisyphus and other Essays,* Vintage, 1991. Versión en castellano: *El mito de Sísifo*, Alianza Editorial, Madrid, 2006.

2. Ackerman, D., *A Natural History of Love,* Vintage, 1995. Versión en castellano: *Una historia natural del amor*, Editorial Anagrama, Barcelona, 2000.

3. James, W., *Principles of Psychology,* Henry Holt & Co., 1890.

4. Csikszentmihalyi, M., *Finding Flow: the Psychology of Engagement with Everyday Life*, Basic Books, 1998. Versión en castellano: *Fluir: una psicología de la felicidad*, Editorial Kairós, Barcelona, 1998.

5. Locke, E. A., y Latham, G. P., «Building a Practically Useful Theory of Goal Setting and Task Motivation: a 35 Year Odyssey», *American Psychologist,* 57 (9) (2002), pp. 705-717.

6. Collins, J., *Good to Great: Why Some Companies Make the Leap... and Others Don't*, Collins Business, 2001. Versión en castellano: *Empresas que sobresalen: por qué unas sí pueden mejorar la rentabilidad y otras no*, Ediciones Gestión 2000, Barcelona, 2001.

7. Hackman, J. R., *Leading Teams: Setting the Stage for Great Performance,* Harvard Business School Press, 2002.

8. Domar, A., y Kelly, A. L., *Be Happy Without Being Perfect: How to Break Free from the Perfection Deception,* Crown, 2008. Versión en castellano: *Nadie es perfecto: libérate de la trampa de la perfección*, Ediciones Urano, Barcelona, 2008.

9. Nash, L., y Stevenson, H., *Just Enough: Tools for Creating Success in your Work and Life,* Wiley, 2005. Versión en castellano: *Vive mejor con lo que tienes: claves para saber disfrutar de los logros*, Editorial Amat, Barcelona, 2005.

10. Reivich, K., y Shatte, A., *The Resilience Factor: 7 Keys to Finding your Inner Strength and Overcoming Life's Hurdles,* Broadway, 2003.

11. Cooperrider, D. L., y Whitney, D., *Appreciative Inquiry: A Positive Revolution in Change,* Berrett-Koehler Publishers, 2005.

12. Emmons, R. A., y McCullough, M. E., «Counting Blessings versus Burdens: an Experimental Investigation of Gratitude and Subjective Well-being in Daily Life», *Journal of Personality and Social Psychology,* 88 (2003), pp. 377-389; Emmons, R. A., *Thanks! How the New Science of Gratitude Can Make You Happier,* Houghton Mifflin, 2007.

13. Lyubomirsky, S., *The How of Happiness: a Scientific Approach to Getting the Life You Want,* Penguin Press, 2007. Versión en castellano: *La ciencia de la felicidad: un método probado para conseguir el bienestar*, Ediciones Urano, Barcelona, 2008.

14. Kosslyn, S. M., «Reflective Thinking and Mental Imagery: a Perspective on the Development of Posttraumatic Stress Disorder», *Development and Psychopathology,* 17 (2005), pp. 851-863.

15. Langer, E. J., *Mindfulness,* Addison-Wesley, 1989. Versión en castellano: *Mindfulness: la conciencia plena*, Ediciones Paidós Ibérica, Barcelona, 2007.

16. Seligman, M. E. P., Park, N., y Peterson, C., «Positive Psychology Progress: Empirical Validation of Interventions», *American Psychologist,* 60 (2005), pp. 410-421.

Capítulo 4

1. Ackerman, D., *A Natural History of Love,* Vintage, 1995. Versión en castellano: *Una historia natural del amor*, Editorial Anagrama, Barcelona, 2000.

2. Sowell, T., *A Conflict of Visions: Ideological Origins of Political Struggles,* Basic Books, 2007.

3. Pinker, S., «The Blank Slate», *The General Psychologist,* 41 (primavera de 2006), pp. 1-8.

4. Branden, N., *The Six Pilars of Self Esteem,* Bantam Books, 1994. Versión en castellano: *Los seis pilares de la autoestima*, Ediciones Paidós Ibérica, Barcelona, 1998.

5. Ginott, H. G., *Between Parent and Child,* Three Rivers Press, 2003. Versión en castellano: *Entre padres e hijos,* Ediciones Medici, Barcelona, 2005.

6. Recomiendo hacer un programa de ejercicios de completar frases más largo, como el que se puede encontrar en el libro de Nathaniel Branden, *The Six Pilars of Self Esteem.* Para un programa extensivo, véase Branden, N., *Articles and Essays* [en línea]: http://www.nathanielbranden.com/catalog/articles_essays/sentence_completion.html.

7. Langer, E. J., *On Becoming an Artist: Reinventing Yourself through Mindful Creativity,* Ballantine Books, 2005. Versión en castellano: *La creatividad consciente: de cómo reinventarse mediante la práctica del arte*, Ediciones Paidós Ibérica, Barcelona, 2006.

Capítulo 5

1. Luthar, S. S., Shoum, K. A., y Brown, P. J., «Extracurricular Involvement among Affluent Youth: a Scapegoat for "Ubiquitous Achievement Pressures"?», *Developmental Psychology,* 42 (2006), pp. 583-597.

2. Siegle, D., y Schuler, P. A., «Perfectionism Differences in Gifted Middle School Students», *Roeper Review,* 23 (2000), pp. 39-45.

3. Montessori, M., *The Absorbent Mind,* Holt Paperbacks, 1995.

4. Rathunde, K., y Csikszentmihalyi, M., «The Social Context of Middle School: Teachers, Friends, and Activities in Montessori and Traditional School Environments», *Elementary School Journal,* 106 (2005), pp. 59-79; Rathunde, K., y Csikszentmihalyi, M., «Middle School Students' Motivation and Quality of Experience: a Comparison of Montessori and Traditional School Environments», *American Journal of Education,* 111 (2005), pp. 341-371.

5. Winnicott, D. W., *Playing and Reality,* Routledge, 1982. Versión en castellano: *Realidad y juego*, Editorial Gedisa, Barcelona, 1982.

Winnicott, D. W., *Home is Where We Start from: Essays by a Psychoanalist,* Norton & Company, 1990. Versión en castellano: *Escritos de pediatría y psicoanálisis*, Ediciones Paidós Ibérica, Barcelona, 2002.

6. Smiles, S., *Self-help,* John Murray, 1958.

7. Dweck, C. S., *Mind-set: the New Psychology of Success*, Ballantine Books, 2005. Versión en castellano: *La actitud del éxito,* Ediciones B, Barcelona, 2007.

8. Dewey, J., *Democracy and Education,* Echo Library, 2007. Versión en castellano: *Democracia y escuela*, Editorial Popular, Madrid, 2009.

9. Dewey, J., *Experience and Education*, Free Press, 1997. Versión en castellano: *Experiencia y educación*, Editorial Biblioteca Nueva, Madrid, 2004.

10. Collins, M., *Marva Collins' Way*, Tarcher, 1990; Collins, M., *Ordinary Children, Extraordinary Teachers*, Hampton Roads, 1992.

Capítulo 6

1. Edmondson, A., «Psychological Safety and Learning Behaviour in Work Teams», *Administrative Science Quarterly*, 44 (1999), pp. 350-383.

2. Cannon, M. D., y Edmondson, A. C., «Failing to Learn and Learning to Fail (Intelligently): How Great Organizations Put Failure to Work to Innovate and Improve», *Long Range Planning,* 38 (2005), pp. 299-319.

3. Edgar Scheine y Warren Bennis (1965) introdujeron por primera vez el

término seguridad psicológica. Edmondson extendió su idea más allá del nivel individual al concepto de seguridad psicológica de equipo.

4. Cannon, M. D. y Edmondson, A. C., «Failing to Learn and Learning to Fail (Intelligently): How Great Organizations Put Failure to Work to Innovate and Improve», *Long Range Planning,* 38 (2005), pp. 299-319.

5. Goleman, D., Boyatzis, R. E., y McKee, A., *Primal Leadership: Realizing the Power of Emotional Intelligence.* Harvard Business School Press, 2002. Versión en castellano: *El líder resonante crea más: el poder de la inteligencia emocional,* Plaza & Janés Editores, Barcelona, 2002.

6. McEvoy, G. M., y Beatty, R. W., «Assessment Centres and Subordinate Appraisals of Managers: a Seven Year Longitudinal Examination of Predictive Validity», *Personnel Psychology,* 42 (1989), pp. 37-52.

7. Cannon, M. D., y Edmondson, A. C., «Failing to Learn and Learning to Fail (Intelligently): How Great Organizations Put Failure to Work to Innovate and Improve», *Long Range Planning,* 38 (2005), pp. 299-319.

8. Hurley, R. F., y Ryman, J. *Making the transition from micromanager to leader: Organization Dynamics,* 2008. Manuscrito en revisión.

9. Loehr, J., y Schwartz, T., «The Making of a Corporate Athlete», Harvard Business Review, 1201128 (enero de 2001); Loehr, J., y Schwartz, T., *The Power of Full Engagement: Managing Energy, not Time, Is the Key to High Performance and Personal Time.* Free Press, 2004. Versión en castellano: *El poder del pleno compromiso*, Algaba Ediciones, Madrid, 2003.

Capítulo 7

1. La cita se atribuye a Leo Buscaglia, profesor de la Universidad del Sur de California, famoso autor y orador. Si bien el trabajo de Buscaglia en el área del potencial humano es extremadamente importante y valioso, este párrafo en particular puede resultar potencialmente perjudicial.

2. Gottman, J. M., *The Seven Principles for Making Marriage Work: a Practical Guide from the Country's Foremost Relationship Expert,* Three Rivers Press, 2000. Versión en castellano: *Siete reglas de oro para vivir en pareja*, Nuevas Ediciones de Bolsillo, Barcelona, 2001.

3. Schnarch, D., *Passionate Marriage: Keeping Love and Intimacy Alive in Committed Relationships,* Owl Books, 1998.

4. Mill, J. S., *The Subjection of Women,* MIT Press, 1974. Versión en castellano: *El sometimiento de la mujer*, Alianza Editorial, Madrid, 2010.

5. Emerson, R. W., *Emerson: Essays and Lectures*, Library of America, 1983. Versión en castellano: *Ensayos*, Espasa-Calpe, Madrid, 2001.

6. Burke, E., *Reflections on the Revolution in France*, MacMillan Company, 1898. Versión en castellano: *Reflexiones sobre la revolución en Francia,* Alianza Editorial, Madrid, 2010.

Capítulo 8

1. Langer, E. J., *Mindfulness,* Addison-Wesley, 1989. Versión en castellano: *Mindfulness: la conciencia plena*, Ediciones Paidós Ibérica, Barcelona, 2007.

2. Nir, D., *The Negotiational Self: Identifying and Transforming Negotiation Outcomes within the Self,* Dissertation, School of Business, Hebrew University, 2008.

Capítulo 9

1. Tomaka, J., Blascovich, J., Kibler, J., y Ernst, J. M., «Cognitive and Physiological Antecedents of Threat and Challenge Appraisal», *Journal of Personality and Social Psychology,* 73 (1997), pp. 63-72.

2. Carlson, R., *Don't Sweat the Small Stuff... and It's All Small Stuff,* Hyperion, 1996. Versión en castellano: *No te ahogues en un vaso de agua: aprende a reaccionar de forma positiva*, Grijalbo, Barcelona, 1998.

Capítulo 10

1. Rogers, C., *On Becoming a Person: A Therapist's View of Psychotherapy,* Constable, 1961. Versión en castellano: *El proceso de convertirse en persona: mi técnica terapéutica*, Ediciones Paidós Ibérica, Barcelona, 2001.

Capítulo 11

1. Wilson, E. G., *Against Happiness: in Praise of Melancholy,* Farrar, Straus y Giroux, 2008. Versión en castellano: *Contra la felicidad: en defensa de la melancolía*, Taurus Ediciones, Madrid, 2008

Capítulo 12

1. Gyaltshen Rinpoche, K. K., *Transformation of Suffering*, Vajra, 2006.

2. Pennebaker, J. W., *Opening up,* Guilford Press, 1997. Versión en castellano: *El arte de confiar en los demás*, Alianza Editorial, Madrid, 1994.

Capítulo 13

1. Ackerman, D., *A Natural History of Love,* Vintage, 1995. Versión en castellano: *Una historia natural del amor*, Editorial Anagrama, Barcelona, 2000.

2. Davidson, R. J., y Harrington, A., *Visions of Compassion: Western Scientists and Tibetan Buddhists Examine Human Nature,* Oxford University Press, 2001.

3. Leary, M. R., Tate, E. B., Adams, C. E., Allen, A. B., y Hancock, J., «Self-Compassion and Reactions to Unpleasant Self-Relevant Events: the Implications of Treating Oneself Kindly», *Journal of Personality and Social Psychology,* 92 (2007), pp. 887-904.

Capítulo 14

1. Lyubomirsky, S., *The How of Happiness: a Scientific Approach to Getting the Life you Want,* Penguin Press, 2007. Versión en castellano: *La ciencia de la felicidad: un método probado para conseguir el bienestar*, Ediciones Urano, Barcelona, 2008.

Capítulo 15

1. Levy, B. R., «Mind Matters: Cognitive and Physical Effects of Aging Self-Stereotypes», *Journal of Gerontology,* 58 (2003), pp. 203-211.

Levy, B. R., Slade, M. D., Kunkel, S. R., y Kasl, S. V., «Longevity Increased by Positive Self-Perceptions of Aging», *Journal of Personality and Social Psychology,* 83 (2002), pp. 261-270.

2. Dove, fabricante de productos para el cuidado personal, ha diseñado una campaña pro envejecimiento muy exitosa que desafía el movimiento antienvejecimiento.

Capítulo 16

1. Blanton, B., *Radical Honesty: How to Transform your Life by Telling the Truth,* SparrowHawk, 2005. Versión en castellano: *Honestidad radical: cómo transformar tu vida diciendo la verdad*, Editorial Planeta, Barcelona, 2008.

2. Estudio Deustche Welle [en línea]: www.dw-world.de/dw/article/0,2144,33333396,00.html. [Consulta: 13/10/08.]

Capítulo 17

1. Weick, K. E., *Leadership as the Legitimation of Doubt.* En Bennis, W., Spreitzer, G. M., y Cummings, T., (eds.), *The Future of Leadership: Today's Top Thinkers on Leadership Speak to the Next Generation,* pp. 91-102, Jossey-Bass, 2001.

Conclusión

1. Rogers, C., *On Becoming a Person: A Therapist's View of Psychotherapy,* Constable, 1961. Versión en castellano: *El proceso de convertirse en persona: mi técnica terapéutica*, Ediciones Paidós Ibérica, Barcelona, 2001.